LITERATURWISSEN FÜR SCHÜLER

Expressionismus

Von Wilhelm Große

Philipp Reclam jun. Stuttgart

RECLAMS UNIVERSAL-BIBLIOTHEK Nr. 15229

Gesamtherstellung: Reclam, Ditzingen
Printed in Germany 2007

ISBN 978-3-15-015229-4

www.reclam.de

Inhalt

1. Was ist ›Expressionismus‹? (Begriffsklärung)

Die Geschichte des Wortes ›Expressionismus‹ lässt sich leicht nachzeichnen. Anlässlich einer Pariser Kunstausstellung im Jahre 1901 fasste Julien Auguste Hervé einige Gemälde unter der Bezeichnung *expressionisme* zusammen. Zehn Jahre später diente dieser Ausdruck dann auf einer Ausstellung der Berliner Sezession dazu, einige Bilder von Braque, Derain, Vlaminck, Picasso und anderen zu einer Gruppe zusammenzuschließen und von denen der Impressionisten abzugrenzen. Im gleichen Jahr noch übertrug Kurt Hiller in seinem Aufsatz *Die Jüngst-Berliner* diese Bezeichnung auf eine Gruppierung avantgardistischer Literaten Berlins.

Dieser kurzen Skizze der Wortgeschichte ist gleich dreierlei zu entnehmen:

1. Der Expressionismus ist keine rein literarische Erscheinung. Parallel zum literarischen Expressionismus spricht man von einer expressionistischen Bewegung in den bildenden Künsten, die von Malern wie van Gogh, Gauguin, Toulouse-Lautrec, Ensor, Munch und anderen vorbereitet wurde und eine erste Blüte mit der Gründung der Dresdner Malervereinigung »Die Brücke« erlebte (Fritz Bleyl, Ernst Ludwig Kirchner, Erich Heckel, Karl Schmidt-Rottluff, Max Pechstein, Otto Mueller, Emil Nolde). Sie schrieben in ihr Manifest: »Jeder gehört zu uns, der unmittelbar und unverfälscht wiedergibt, was ihn zum Schaffen drängt.«[1] Frühe Werke der

Expressionismus: keine rein literarische Erscheinung

Münchner Malergruppe des »Blauen Reiters« zählen ebenfalls zum Expressionismus (z. B. Kandinsky ebenso wie Kokoschka und Beckmann). In der Musikgeschichte lässt sich zu Beginn des 20. Jahrhunderts gleichfalls eine Reaktion auf den Impressionismus erkennen. Die Werke der Wiener Schule (Schönberg, Webern, Berg) sind dem Expressionismus zuzuordnen, ebenso wie die von Bartók, Strawinsky, Hindemith und Weill.

Expressionismus: keine rein deutsche Bewegung

2. Der Expressionismus ist keine rein deutsche Bewegung, vielmehr Teil einer internationalen Erneuerungsbewegung innerhalb der Künste, die vor allem von Künstlergruppen getragen wird.

Expressionismus: eine Gegenbewegung

3. Der Expressionismus ist – auch darauf verweist die Wortgeschichte – eine Gegenbewegung, Reaktion auf eine vorausgegangene Kunstepoche. Es hieße jedoch, die literaturgeschichtliche Situation unzulässig zu vereinfachen, wenn man den Expressionismus lediglich als Umkehrung des Impressionismus verstehen würde, auch wenn dies der Begriff zunächst einmal nahe legt, denn eine literaturgeschichtliche Einordnung des Expressionismus muss sich vor Augen führen, dass um die Jahrhundertwende keine literarische Richtung mehr eindeutig dominiert, sondern sich eine Vielzahl unterschiedlicher, aber auch einander berührender literarischer Strömungen gebildet hat, die nur unzureichend mit Begriffen wie Naturalismus, Impressionismus, Symbolismus, Ästhetizismus, Fin de Siècle, Jugendstil, Neuromantik, Neuklassizismus oder Heimatkunstbewegung bezeichnet sind.

2. Epoche

Expressionismus als Gegenbewegung zu Naturalismus, Ästhetizismus und Impressionismus

Auch wenn Kasimir Edschmid Nuancierungen unberücksichtigt lässt, ist es lohnend, einen Blick in seinen Essay *Expressionismus in der Dichtung* zu werfen, da hier ein Prosaist, Programmatiker und Theoretiker des Expressionismus bereits 1917 eine erste Bilanz dieser literarischen Erscheinung vorlegt, bei der er wichtige literarische Epochen, die dem Expressionismus vorausgehen, berücksichtigt und aus ihnen den Expressionismus herleitet. Zunächst charakterisiert Edschmid mit wenigen markanten Strichen den Naturalismus, der sich gegen die monumentalisierende, aber innerlich hohle Literatur der Gründerzeit um 1870 wendet:

Naturalismus

»Gegen ausgepumptes Epigonentum schlug die naturalistische Welle. Aus Schminke, Fassade und Feigenblatt brach schamlos die Tatsache. Nichts vom Wesen eines Dings. Nichts Eigentliches, was der Gegenstand unserer sensuellen Welt nur zudeckt. Nur Notiertes, nur endlich Ausgesprochenes. Aber mit grandioser Wucht lauter Dinge, belanglos für das Kunstwerk in seiner letzten Form, aber Anstöße, Kampf. Der Naturalismus war eine Schlacht, die wenig Sinn für sich hat, aber er gab Gesinnung. Da standen plötzlich wieder Dinge: Häuser, Krankheit, Menschen, Armut, Fabriken. Sie hatten keine Verbindung noch zu Ewigem, waren nicht geschwängert von Idee. Aber sie wurden genannt, gezeigt. Nackte Zähne der Zeit klafften und zeigten Hunger.

Er warf auch menschliche Fragen auf und brachte das Eigentliche damit näher. Er mischte sich mit Sozialem eng: schrie ... Hunger, Huren, Seuche, Arbeiter.«[2]

Edschmid hebt am Naturalismus hervor, dass er sich wieder auf die genaue Beschreibung der ›Natur‹, der sinnlich erfahrbaren Erscheinungen, einlasse und für die Literatur neue, bislang ausgesparte Themenfelder mit der Darstellung moralischen und wirtschaftlichen Elends (insbesondere in Kleinbürgertum und Proletariat und gesellschaftlichen Randgruppen) hinzugewinne, auf Armut, Krankheit, Laster, Verbrechen usw. aufmerksam mache und auf soziales Mitgefühl setze.

Ästhetizismus

Der Naturalismus fand seinen Gegenpol im Ästhetizismus. »Gegen [die] wüste Orientierung [des Naturalismus]« – so fährt Edschmid fort – »gab es einen Gegenpol voll Aristokratie. Gegen den Lärm Adel, das Asoziale, das Kunst – à tout prix.«[3] Stefan George ist für ihn Repräsentant dieser Stilrichtung, deren Verdienst »der Wert« ist, »den sie auf das Formale legte«.[4] Die Abkehr von Zweckhaftigkeit und Wirkungsabsicht der Dichtung in politischer, weltanschaulicher, moralischer oder sozialer Hinsicht, der Verzicht auf Wirklichkeitswiedergabe oder konkrete Inhalte führte jedoch bald zur Erstarrung des Ästhetizismus bzw. Symbolismus:

»Man verwechselte Dichten und Würde. Man glaubte, das Wesentliche sei das Erlauchte und Würde sei besser als der Mut unbedenklichen Zugriffs. [...] Ästhetentum verbreitete sich und traf in eine Zeit, die, reich geworden, von den Gründerjahren und dem Zustrom des Geldes übersättigt, noch völlig ohne die Struktur eines kulturellen Zeitbodens, glaubte die schöne Dekadenz spielen zu können. Immerhin aber hob sich das ganze Niveau. Man konnte nach George nicht mehr vergessen, daß eine große Form unumgängig sei für das Kunstwerk. Man konnte nicht mehr nur durch Kraßheit, Photographieren der Wirklichkeit, nicht mehr mit flauen Sentiments nach dichterischen Zielen greifen«[5], wie es noch der Naturalismus getan hatte.

Impressionismus

Naturalismus und Ästhetizismus sieht Edschmid im Impressionismus gleichsam als einer Synthese aufgehoben: »So kam zum Blick für die Tatsachen [Naturalismus] der Sinn für die Form [Ästhetizismus]. Der Impressionismus begann, die Synthese ward versucht.«[6] Der Impressionismus konzentriert sich ganz auf den sinnlich-subjektiven Eindruck, die einmaligen, unverwechselbaren Augenblicke, den flüchtigen Reiz, der in all seinen subtilen Nuancen und Differenzierungen mit höchster Präzision und Intensität wiedergegeben werden soll. Die Isolierung der subjektiven, nicht mehr begrifflich analysierten Empfindungen, der seelischen Erregung führt zur Auflösung der dinglichen Einheit in eine Folge von Reizwirkungen, zur fortschreitenden Entmaterialisierung der nur noch in Stimmungen wahrnehmbaren Welt, sodass Edschmid den Impressionismus wie folgt charakterisieren kann: »Mit nervöser Zärtlichkeit behandelte man die Objekte. Sprunghaft setzte man Stück an Stück. Mit gehobener Technik vermochte man die Dinge anzugreifen, doch wurde es oft Deskription. Das eigentliche, der letzte Sinn der Objekte, erschöpfte sich noch nicht ganz. […] In unzählige kleine Teile zerlegte er die Welt, um ihr den tieferen Atem einzuhauchen. […] Er zersetzte, löste auf und parzellierte, formte das Zerschlagene in kleine Gefühle, nicht zu massiv verschmolzenen Zusammenhängen. Über ihn hinaus gab es nur Anarchie.«[7]

Bei Edschmids Charakterisierung der dem Expressionismus vorangegangenen Epochen fällt auf, dass er jede dieser Epochen mit Mängeln behaftet sieht. So dringt der Naturalismus nicht zum ›Wesen eines Dinges‹ vor, dem Ästhetizismus George'scher Prägung ist es »nicht gegeben, Tempo, Geist und Form der Zeit zu großen umfassenden Schöpfungen zu verdichten«[8]. Der Impressionismus schließlich, auf die »kleinen Ausschnitte der großen Welt« fixiert, »wurde und mußte werden, dem Kosmos gegenüber, im Auge die Schöpfung, Mosaik«[9]. Die hier genannten Mängel gleicht nun – wie könnte es der Expressionist Edschmid auch anders sehen – der Expressionismus aus.

Die Künstler der neuen Bewegung »gaben nicht mehr die leichte Erregung. Sie gaben nicht mehr die nackte Tatsache. Ihnen war der Moment, die Sekunde der impressionistischen Schöpfung nur ein taubes Korn in der mahlenden Zeit. Sie waren nicht mehr unterworfen den Ideen, Nöten und persönlichen Tragödien bürgerlichen und kapitalistischen Denkens.

Ihnen entfaltete das *Gefühl* sich maßlos.

Sie sahen nicht.

Sie schauten.

Sie photographierten nicht.

Sie hatten Gesichte.

Statt der Rakete schufen sie die dauernde Erregung. Statt dem Moment die Wirkung in die Zeit. Sie wiesen nicht die glänzende Parade eines Zirkus. Sie wollten das Erlebnis, das anhält. Vor allem gab es gegen das Atomische, Verstückte der Impressionisten nun ein großes umspannendes *Weltgefühl*. In ihm stand die Erde, das Dasein als eine große Vision. Es gab Gefühle darin und Menschen. Sie sollten erfaßt werden

Expressionismus als Weltgefühl

im Kern und im Ursprünglichen. [...] Die Welt ist da. Es wäre sinnlos, sie zu wiederholen. Sie im letzten Zucken, im eigentlichsten Kern aufzusuchen und neu zu schaffen, das ist die größte Aufgabe der Kunst. Jeder Mensch ist nicht mehr Individuum, gebunden an Pflicht, Moral, Gesellschaft, Familie. Er wird in dieser Kunst nichts als das erhebendste und kläglichste: er wird Mensch. Hier liegt das Neue und Unerhörte gegen die Epochen vorher. Hier wird der bürgerliche Weltgedanke endlich nicht mehr gedacht.«[10]

Menschwerdung des Menschen

Expressionismus als antibürgerliche Bewegung

Der Expressionismus versteht sich nach Edschmid als antibürgerliche Bewegung, als Aufhebung bürgerlichen Denkens, aber gerade diese Antibürgerlichkeit verbindet ihn zutiefst mit dem, was er zu negieren versucht. So darf es nicht verblüffen, dass fast alle expressionistischen Dichter bürgerlichem, zum Teil sogar großbürgerlichem Hause entstammen und zunächst bürgerliche Bildungskarrieren einschlagen. Spätere Autoren wie Heinrich Mann, Werfel, Sternheim und Kafka richteten sich auf das Kaufmännisch-Industrielle ein; Mediziner waren Döblin, Benn, Huelsenbeck, Goering, Friedrich Wolf, Ernst Weiss; ein Medizinstudium begannen, wenn sie es auch nicht durchführten, Brecht, Johst, Becher; Trakl war Apotheker; Juristen waren Hiller, Heym, Brod und Lichtenstein. Die Herkunft aus bürgerlichem Milieu lässt die jungen Intellektuellen den Bürger der Wilhelminischen Ära umso besser durchschauen. »Wer ist Bürger?«,

Bürgertum als Herkunftsbereich der Expressionisten

fragt sich Theodor Haubach in seinem Aufsatz *Wider die Politik* (1919) und gibt sich selbst die Antwort: »Bürger: d. i. kümmerlicher Mensch mit vermoosten Horizonten, enger begrenzter Nörgler am Leben, Sattzufriedener oder hämischer Besserer [...], ein Blutloser, Ordnungssüchtiger, Feind allen Höhen und Tiefen, Vergreister, Steriler, Botmäßiger, nie ganz Reiner, nie ganz Böser«[11].

Philisterkritik

In diesem Bild des Bürgers fließen die Vorstellungen des Philisters, Spießbürgers und schließlich auch des ›Untertanen‹ der Wilhelminischen Ära zusammen, was die jungen, noch nicht in die Gesellschaft eingepassten Literaten wieder ihr *Écrasez le bourgeois* ausrufen lässt.

Im Bild des übermächtigen *Vaters* verdichtet und konkretisiert sich der Hass auf eine versteinerte, unbeweglich gewordene Gesellschaft, die unfähig ist, sich der zeitgenössischen Probleme anzunehmen, und die Widersprüche durch eine pompöse verlogene Ideologie übertüncht hat. Sie lässt ihren jungen Söhnen nur die Langeweile und Leere übrig. So verwundert es nicht, wenn der junge Georg Heym heimlich seinem Tagebuch anvertraut: »Ach, es ist furchtbar. Schlimmer kann es auch 1820 nicht gewesen sein. Es ist immer das gleiche, so langweilig, langweilig, langweilig. Es geschieht nichts, nichts, nichts. Wenn doch einmal etwas geschehen wollte, was nicht diesen faden Geschmack von Alltäglichkeiten hinterläßt. [...] Würden einmal wieder Barrikaden gebaut, ich wäre der erste, der sich darauf stellte, ich wollte noch mit der Kugel im Herzen den Rausch der Begeisterung spüren. Oder sei es auch nur, daß man einen Krieg begänne, er kann ungerecht sein. Dieser Frieden ist so faul ölig und schmierig wie eine Leimpolitur auf alten Möbeln.«[12]

Was die Jungen im Kaiserreich verspüren und hellsichtig durchschauen ist jenes selbstsichere Gefühl der Sekurität und des materiellen Reichtums, die Gesättigtheit durch eine lange, nicht mehr weiter hinterfragte Tradition, eine Starre und Sinnleere in Denken und Handeln.

Expressionisten als Vertreter der jungen Generation

Ein Teil der Jugendlichen versucht den Aufstand gegen die Väter, gegen deren Autorität und die Autorität des Staates. Es sind vor allem die zwischen 1885 und 1890 Geborenen, die die Revolte antreten. Zu ihnen gehören die Expressionisten Heym, Trakl, van Hoddis, Ehrenstein, Wolfenstein und Sack, dann die Generation der Neunzigerjahre wie Hasenclever, Bronnen, Toller und Becher, die 1914 gerade Abiturienten oder Studenten waren und sich als Kriegsfreiwillige meldeten oder im Laufe des Krieges eingezogen wurden. Sosehr sie sich gegen die Welt der Altvordern auflehnen und alle Verbindung zum Tradierten abbrechen, so sehr suchen sie die Verbindung zu ihresgleichen und zu Gleichaltrigen. Die Expressionisten treten darum vorzüglich in Gruppen, einzelnen Kreisen auf: Solche Gruppen formierten sich in München, Leipzig, Heidelberg, Wien, Prag. Zentrum ist Berlin. Hier sammelt man sich um Kurt Hiller, der 1909 den »Neuen Club« gründet, dessen Mitglieder sich dann ab 1910 im »Neopathetischen Cabaret« und ab 1911 im Cabaret »Gnu« zusammenfinden. Hier treten Autoren wie Georg Heym, Jakob van Hoddis, Ernst Blaß, Alfred Lichtenstein, Franz Werfel, Walter Hasenclever und Ludwig Rubiner hervor. In München sind es Hugo Ball, Johannes R. Becher und Erich Mühsam, die sich um ihren Kommilitonen Hein-

Kabarett

rich Bachmair scharen und ihn zur Verlagsgründung anhalten. In Leipzig bildet sich eine Gruppe um die Verleger Ernst Rowohlt und Kurt Wolff.

Zeitschriften als wichtiges Publikationsforum

Neben dem gemeinsamen Auftreten vor der Öffentlichkeit suchen die jungen Expressionisten auch nach gemeinsamen Publikationsformen; die sie in Zeitschriftenneugründungen, Verlagsreihen und Anthologien finden. Die Titelgebung solcher Zeitschriften ist schon aufschlussreich, verrät sie doch etwas von dem Selbstbewusstsein und den programmatischen Vorstellungen der neuen Dichtergeneration: *Der Sturm* (H. Walden), *Die Aktion* (F. Pfemfert), *Der Orkan*, *Neue Blätter*, *Das neue Pathos*, *Die neue Kunst*, *Neue Jugend*, *Das junge Deutschland*. Andere Titel sind *Der jüngste Tag*, *Lyrische Flugblätter*, *Der rote Hahn* oder *Menschheitsdämmerung*, *Verkündigung*. Sie alle signalisieren den Aufbruch zu Neuem, den Neuanfang, und stellen sich damit ihrem Selbstverständnis nach in die Reihe der literarischen Avantgarde, so wie die expressionistischen Gruppierungen den Anschluss an eine aus dem 19. Jahrhundert stammende Boheme-Bewegung der Literaten bzw. Künstler suchen.

Boheme

In diese Subkultur der Intellektuellen flüchten sich viele Expressionisten und nisten sich dort ein. Dabei wird der Weg in die Boheme als bewusste Abkehr von der Welt der autoritären Schule, der Familie, des bürgerlichen Berufs, als gewaltsamer Ausbruch aus ihr erlebt oder nachträglich interpretiert. Abkömmlinge vieler Schichten treffen sich, zum Beispiel junge Adelige, die der Verbürgerlichung entgehen wollen, Großbürgersöhne mit dem Verlangen nach einer ›interessanten‹, künstlerisch ›genießenden‹ Lebensform, Kleinbürgersöhne, die die Enge ihrer Verhältnisse sprengen, Mädchen und Frauen mit dem Willen zur ›Emanzipation‹. Oft ist nicht die Erkenntnis einer Begabung, sondern der Bruch mit den Vätern, der Abscheu vor der bürgerlichen Existenz das primäre Motiv der Entscheidung zugleich für Künstlertum und Boheme-Existenz. »Von was, zum Teufel, soll denn auch heutzutage ein junger Mensch träumen, den die modernen Lehrmethoden zur Raserei bringen, und dem die Krämergemeinheit Übelkeit verursacht? Kreuzzüge gibt es nicht mehr, noch adlige, ferne Abenteuer irgendwelcher Art. […] Nur die Kunst besteht noch. Eine geächtete Kunst zwar, verachtet, erniedrigt, verhungert, flüchtig, zerlumpt und katakombal. Dennoch ist sie die einzige Zuflucht.«[13] Der Bohemien liebt das Spontane, er ist nonkonformistisch, sympathisiert mit radikalen, revolutionären oder anarchistischen Bewegungen, lehnt sich gegen standes-klassenmäßige und nationale Einfriedungen auf und verschwistert sich gern mit gesellschaftlichen Gruppen, die aufgrund einer doppelten bürgerlichen Moral zu Außenseitern gestempelt werden, wie Verbrecher, Irre oder Prostituierte. Diese Haltung des Bohemiens übernehmend, fragt der Expressionist Ludwig Rubiner, Herausgeber einer der wichtigsten Lyrikanthologien des Expressionismus: »Wer sind die Kameraden? Prostituierte, Dichter, Unterproletarier, Sammler von verlorenen Gegenständen, Gelegenheitsdiebe, Nichtstuer, Liebespaare inmitten der Umarmung, religiöse Irrsinnige, Säufer, Kettenraucher, Arbeitslose, Vielfraße, Pennbrüder, Einbrecher, Kritiker, Schlafsüchtige, Gesindel. Und für Momente alle Frauen der Welt. Wir sind Auswurf, der Abhub, die Verachtung. […] Wir sind der heilige Mob.«[14]

Die ›innere Grundhaltung‹ des Expressionismus

Wenn sich auch die einzelnen Expressionisten innerhalb der Gruppe aufgehoben fühlen können und wenn sie das Bewusstsein verbindet, einerseits Auswurf einer von ihnen allerdings zutiefst verachteten Gesellschaft, andererseits aber auch Verkünder einer neuen Gesellschaft zu sein, charakterisiert den Expressionismus aber auch, dass ganz unterschiedliche Richtungen sich bilden, sodass G. Benn in einer Retrospektive auf den Expressionismus konstatieren kann, dass »der expressionistische Stil, der in anderen Ländern Futurismus, Kubismus, später Surrealismus genannt wurde, in Deutschland die Bezeichnung Expressionismus behaltend, vielfältig in seiner empirischen Abwandlung«[15] gewesen sei. Fügt man dieser Bemerkung Benns noch hinzu, dass sich neben den von ihm genannten Kunstrichtungen des Futurismus, Kubismus und Surrealismus der sogenannte Aktionismus, der Dadaismus, der Aeternismus und eine spezifische Literatur des »Sturm«-Kreises ausmachen lassen, so verliert das Phänomen des Expressionismus an Einheitlichkeit und Konturenschärfe.

Es muss hier jedoch sein Bewenden damit haben, darauf hinzuweisen, dass der Expressionismus in sich zwar eine sehr vielschichtige und spannungsreiche Erscheinung ist, wichtiger aber ist in diesem Zusammenhang jenes dennoch allen Richtungen Gemeinsame zu bestimmen, denn Benn spricht zwar von der Vielfalt in den empirischen Abwandlungen, glaubt aber dennoch, eine Gemeinsamkeit in der »inneren Grundhaltung« ausmachen zu können. Benn fährt an der o. g. Stelle fort:

> »[Der Expressionismus ist] einheitlich in seiner inneren Grundhaltung als Wirklichkeitszertrümmerung, als rück-

sichtsloses An-die-Wurzel-der-Dinge-Gehen bis dorthin, wo sie nicht mehr individuell und sensualistisch gefärbt, gefälscht, verweichlicht, verwertbar in den psychologischen Prozeß verschoben werden können, sondern im akausalen Dauerschweigen des absoluten Ich der seltenen Berufung durch den schöpferischen Geist entgegensehen.«[16]

Wirklichkeitszertrümmerung und das An-die-Wurzel-der-Dinge-Gehen

Ähnlich lautet die Aussage über die Grundhaltung der Expressionisten in der Einleitung zur Lyrikanthologie *Menschheitsdämmerung*:

»Aber man fühlte immer deutlicher die Unmöglichkeit einer Menschheit, die sich ganz und gar abhängig gemacht hatte von ihrer eigenen Schöpfung, von ihrer Wissenschaft, von Technik, Statistik, Handel und Industrie, von einer erstarrten Gemeinschaftsordnung, bourgeoisen und konventionellen Bräuchen. Diese Erkenntnis bedeutet zugleich den Beginn des Kampfes gegen die Zeit und gegen ihre Realität. Man begann, die Um-Wirklichkeit zur Un-Wirklichkeit aufzulösen, durch die Erscheinungen zum Wesen vorzudringen, im Ansturm des Geistes den Feind zu umarmen und zu vernichten.«[17]

Vordringen zum Wesen

Der Begriff der Wirklichkeit steht zentral in den Aussagen von Benn und Pinthus, sodass sich der Expressionismus durchaus als eine Antwort auf ein sich extrem um 1910 veränderndes Wirklichkeitsbewusstsein und einen sich radikal ändernden Wirklichkeitsbegriff verstehen lässt. Zum einen ändert sich die die Menschen umgebende Wirklichkeit in einem immer mehr sich beschleunigenden Tempo. Verstädterung, Industriali-

Verändertes Bewusstsein von der ›Wirklichkeit‹

sierung, Technisierung des Alltags- und Produktionslebens in einem bislang nicht bekannten Maße gestalten die Wirklichkeit in einem dynamischen Prozess so um, dass alte Wahrnehmungs- und Gestaltungsmuster sich immer mehr als untauglich erweisen. Zum andern – und diese Änderung dürfte, zumindest für die Intellektuellen, noch radikaler gewesen sein – ändert sich auch der Wirklichkeitsbegriff, das Weltbild eines mechanischen Materialismus in der Physik wird grundlegend erschüttert. Heinrich Rudolf Hertz zeigte 1889 die Identität der elektromagnetischen Hitze- und Lichtwellen, 1900 forderte Max Planck die gewohnten Vorstellungen von der Kontinuität der physikalischen Welt mit dem Begriff des elementaren Wirkungsquantums heraus, Einstein verallgemeinerte den Anspruch auf die Quantentheorie, Niels Bohr entwickelte sein Atommodell, schließlich formulierte 1905 Einstein seine spezielle Relativitätstheorie, womit Masse und Energie in eine Gleichung einzubringen waren. Die Körperhaftigkeit der Wirklichkeit wurde immer mehr aufgehoben, sodass es nicht verwundert, dass Ernst Mach und Richard Avenarius ihren Empiriokritizismus als philosophisch-wissenschaftstheoretische Schule begründen konnten. Sie verwarfen alle Metaphysik, erklärten konsequent Dinge, Körper, Bewusstsein für bloße Denkkonventionen oder Notbehelfe, künstliche Begriffe, die wir brauchen, die Welt zu erfassen, die aber selber keine Realität besitzen. Auch die Vorstellung eines Ich oder der Identität löst sich auf: auch dies sind nur Vorstellungen, die aus der Not geboren wurden. Die Wirklichkeit oder das, was wir für Wirklichkeit halten, wird so immer mehr zum Produkt des Bewusstseins, Schöpfung des Geistes, und es ist nicht mehr ein Geist, der die Wirklichkeit im Akt des Denkens abbildet oder widerspiegelt. Die Nähe von wissenschaftlichem und künstlerischem Akt stellt sich ein. Der französische Mathematiker Poincaré behauptete, Theorien beinhalteten keine Wahrheit, sondern befriedigten allenfalls den ästhetischen Sinn. Nach Bohr war die Relativitätstheorie »ein großes Kunstwerk und der tiefste Gedanke über die Natur, selbst wenn sie nicht zu belegen wäre«.

Neues Sehen

Der Expressionismus will in diesem Sinne ›realistisch‹ sein. Die ›neue‹ Wirklichkeit bedarf des ›neuen Sehens‹, bedarf der Zertrümmerung der alten Gestaltungs- und Formungsweisen, denn nur im Zerbrechen der Form erhofft man sich wie im Akt der Abstraktion des Wesens ansichtig zu werden. Es wundert darum nicht, dass der Expressionismus in seiner Frühphase zunächst vom bewussten Traditionsbruch, der Verneinung, der klärenden Zerstörung und dem bewusst inszenierten Schock wie der bewusst kalkulierten Tabudurchbrechung lebt. Er kann als ein großes Experimentierfeld verstanden werden, als Versuch, im Zerbrechen der alten Literatursprache diese tauglich zum Erfassen und Gestalten des Neuen zu machen. In einer zweiten Phase meldet sich dann die Hoffnung auf den neuen Menschen, eine neue Idealität, die pathetisch beschworen und in der zum Teil auf alte mystisch-religiöse Traditionen zurückgegriffen wird. Zerknirschung, Verzweiflung, Angst, groteske Gesichte bestimmen somit zum einen die expressionistische Literatur, zum andern sind es messianische, die Erlösung der Welt und des Menschen verkündende Töne. *Menschheitsdämmerung* heißt treffend der Titel der wohl bekanntesten Lyrikanthologie des Expressionismus, und der Titel bezeichnet genau jene Doppelgesichtigkeit der

Doppeldeutigkeit von Menschheitsdämmerung

Epoche, indem nämlich einerseits der Untergang des alten Menschen, andererseits – im Bild der Morgenröte – der zu verkündende ›neue Mensch‹ gemeint sind.

Gerade diese Doppelgesichtigkeit des Expressionismus macht aber auch die auffällige Entwicklung vieler Expressionisten verstehbar.

Bestimmte zunächst die Negation des Überkommenen wesentliche Züge expressionistischer Literatur, war es dann vonnöten, aus dem Dilemma purer Verneinung, deutlicher Orientierungslosigkeit herauszukommen. Hilfe bei diesem erneuten Orientierungsprozess boten vielen Expressionisten gesellschaftliche Sinninstitutionen wie Kirche, Parteien oder eine fest umrissene Weltanschauung. So ›konvertierten‹ manche Expressionisten zum katholischen Glauben, andere verschrieben sich den Nationalsozialisten, wieder andere sympathisierten mit den Kommunisten.

Die dem Expressionismus folgenden literarischen Bewegungen

Dadaismus

Setzt der Expressionismus auf Wirklichkeitszertrümmerung und Formzertrümmerung, um so die ›neue Wirklichkeit‹ adäquater und präziser zu fassen, könnte man den Dadaismus als eine konsequente Zuspitzung dieser Tendenz verstehen, denn löste man schon im Expressionismus vertraute Zusammenhänge auf, setzt der Dadaismus dort an und treibt die Zersetzung und Zerstörung ins Extrem. Vertreter des Dadaismus gehen sogar so weit, dass sie versuchen, selbst das, was der Expressionismus letztlich doch noch unbefragt gelassen hat, nämlich die bürgerliche Institution Literatur, endgültig in ihrer Fragwürdigkeit zu entlarven und als Institution auszuhebeln. Als radikal antibürgerliche Bewegung – wie der Expressionismus – setzt sich der Dadaismus zum Ziel, die Sprache noch weiter zu elementarisieren, indem er Sinn und Bedeutung, d. h. die semantische Ebene, Grammatik, Satz und Wort zerstört, Sprache bis hin zu ihrer Lautebene zurückführt und damit – vergleichbar der abstrakten Kunst – abstrakt wird und die Elemente der Sprachkunst in ihrer reinen Materialität ›ausstellt‹.

Elementarisierung

Der Dadaismus entzieht sich zunächst jeder Einvernahme der Literatur, indem er Literatur als den großen Un-Sinn begreift. »Was wir Dada nennen, ist ein Narrenspiel aus dem Nichts, in das alle höheren Fragen verwickelt sind; eine Gladiatorengeste; ein Spiel mit den schäbigen Überbleibseln; eine Hinrichtung der posierten Moralität und Fülle«[18], so Hugo Ball. Der Dadaismus ist – wie der Expressionismus – eine internationale Kunst- und Literaturrichtung, die ihren Ausgang 1916 in Zürich unter dem Eindruck des Ersten Weltkrieges im Zuge einer so genannten Literatur- und Kunstrevolution als Synthese aus kubistischen, futuristischen und expressionistischen Tendenzen nahm. Keimzelle und erstes Zentrum des Dadaismus war das dort von Hugo Ball begründete »Cabaret Voltaire«, das ursprünglich als reines literarisches Kabarett bzw. als Künstlerkneipe mit einem auf Publikumswirksamkeit bedachten Programm im Simplicissimus-Stil geführt werden sollte, sich aber schon bald nach seiner Eröffnung im Februar 1916 zu einer Experimentierbühne wandelte, auf der alle Proble-

Un-Sinn und Narrenspiel aus dem Nichts

me, die die moderne Kunst bewegten, ›durchgespielt‹ werden konnten. Hans Arp, Hugo Ball, Richard Huelsenbeck, Marcel Janco und Tristan Tzara, alles in der Schweiz im Exil lebende Künstler, schlossen sich zunächst zusammen. Das Kabarett wurde zum Ausgangsort des künstlerischen Widerstandes, zum Podium des Protestes gegen den »Wahnsinn der Zeit« (Arp). Alle bislang gültigen ästhetischen Wertmaßstäbe und Regeln wurden versuchsweise außer Kraft gesetzt. Der Kampf gegen ein Kunstideal bzw. dessen Negation war das gemeinsame Ziel der Dadaisten, dies und weniger ein Gruppenstil zeichnete diese Künstlergruppe aus.

Sucht man dennoch nach einem einheitlichen Stilprinzip, so findet man es allenfalls in der konsequenten Verschärfung des vom Kubismus und dem italienischen Futurismus eingeführten »Bruitismus, der Simultaneität und des neuen Materials in der Malerei« (Huelsenbeck). Der Dadaismus hob ansatzweise die Trennung zwischen den einzelnen Künsten auf. Vergleichbare Tendenzen lassen sich sowohl in der Malerei wie in der Literatur erkennen, denn der Rückgriff auf die reine Materialität als dem Wesentlichen und Elementaren lässt sich sowohl in der Malerei wie in der Literatur nachweisen, wo mit dem Lautgedicht, also den elementarsten sprachlichen Partikeln, eben den Lauten, experimentiert wird. Auch das Prinzip der Montage und Collage gilt in Malerei wie Literatur. Ball, Schwitters, Janko u. a. sind außerdem künstlerische Doppelbegabungen. Allein schon aus dieser Gegebenheit ist eine gegenseitige Befruchtung der Künste naheliegend.

Nach der Phase in Zürich sollte sich der Dadaismus in verschiedene Zentren verlagern: Berlin (Huelsenbeck, Grosz, Raoul Hausmann, Mehring, die Brüder Herzfeld:

John Heartfield und Wieland Herzfelde), Köln (Max Ernst, Arp u. a.), Hannover (Schwitters), Paris (Arp, Tzara und die späteren Surrealisten wie Breton, Eluard, Aragon).

Neue Sachlichkeit

Die Epoche, die dem Expressionismus und in gewisser Weise auch dem Dadaismus folgt, trägt in den literaturgeschichtlichen Darstellungen meist die Bezeichnung »Neue Sachlichkeit«.

Der Begriff der ›Neuen Sachlichkeit‹ taucht erstmals 1925 bei einer Mannheimer Kunstausstellung auf. Insofern stammt er – wie der Begriff des Expressionismus – aus der bildenden Kunst. Er setzt sich bald durch für jene nach- bzw. gegenexpressionistischen Kunstströmungen und Stilrichtungen, die ihre Anfänge durchaus noch vor der Mitte der Zwanzigerjahre haben. Einer ihrer Theoretiker beschreibt den Stil und die Aufgabe, vor allem des Dramatikers wie folgt:

Statt Kunstwerk die Sache selbst

»Der Name Sachlichkeit […] ist nicht mehr, wie seine Urheber am Anfang meinten, eine einfache Übersetzung des Namens ›Realismus‹. Er besagt: an die Stelle des Kunstwerks will sich die ›Sache‹ selbst schieben: das Ding selbst, das Leben selbst, der authentische Gegenstand. Der Schein ist kompromittiert. […] Die technische Leistung, das ›Ding selbst‹ (soweit es vom Menschen geschaffen wird) ist so sehr Muster aller Menschenleistung geworden, daß sie die Kunst zurückdrängt und ihr Raum abgewinnt. Was heißt Wirklichkeit, was heißt die ›Sache selbst‹ für das Theater? Es heißt unmittelbares Auftreten des heutigen Lebens und seiner Kräfte, unvermenschlicht, ohne kunstgewerbliche Fassung und Harmonisierung. [...] Gerade eine problematische Zeit braucht direktes Theater, Theater der Aussage und der tatsächlichen Wirkung; Theater der Situationserfüllung.«[19]

Diese Phase der »Neuen Sachlichkeit« – teilweise parallel zum Spätexpressionismus verlaufend – ist durch die Nachkriegszeit und durch Hitlers Machtergreifung im Jahre 1933 begrenzt. Während in Russland eine sozialistische Sowjetrepublik entstand, war für Deutschland bestimmend: die Inflation, ein erneutes Erstarken des Kapitalismus, unterstützt durch den Dawes-Plan von 1924 und die Dollarkredite, schließlich als großer Rückschlag die Weltwirtschaftskrise 1929/30. Die Vereinigten Staaten faszinierten – zumindest bis zum großen Börsen- und Bankencrash – zum einen durch ihre ökonomische Macht, zum andern durch die Technik, die einen gigantischen Aufschwung ermöglichte. Diese Faszination, oder der ›Amerikanismus‹ der zwanziger Jahre, übertrug sich auf die Literatur und steht in krassem Gegensatz zu den technikfeindlichen Tendenzen des Expressionismus, wenn man einmal von der Technikbejahung durch den Futurismus absieht.

»Lang genug war bei uns die glorreiche Disziplin der Technik nur in Form von Tank, Mine, Blaukreuz zum Vorschein gekommen und zwecks Vernichtung von Menschenleben. In Amerika stand sie im Dienst des Menschenlebens. Die Sympathie, die man für Lift, Funkturm, Jazz äußerte, war demonstrativ. Sie war ein Bekenntnis. Sie war eine Art, das Schwert zur Pflugschar umzuschmieden. Sie war gegen Kavallerie; sie war für Pferdekräfte. Ihre Meinung ging dahin, den Flammenwerfer zum Staubsauger umzuschmieden und die Pflugschar noch zum Dampfpflug. Sie hielt es an der Zeit, daß die Zivilisation zu einer Sache der Zivilisten werde.«[20]

Die Neue Sachlichkeit kann also zum einen als Reflex auf die Technikbegeisterung und die Begeisterung für das moderne Amerika, zum andern aber auch als Reaktion auf das Pathos, die subjektiv-gefühlsbetonte, die utopisch-idealisierende Geisteshaltung des Spätexpressionismus verstanden werden. Bei unterschiedlich ausgeprägter politischer Konzeption erstrebten die Autoren der Neuen Sachlichkeit die Darstellung einer ›objektiven‹ Wirklichkeit, die Behandlung der zeitgenössischen Umwelt mit ihren sozialen und wirtschaftlichen Zuständen. Sie bevorzugten die Möglichkeit einer an den ›Tatsachen‹ orientierten Literatur. Das gilt für das dokumentarische Theater eines Erwin Piscator, für spezielle Sonderformen und -formate des Rundfunks, der als neues literarisches Medium entdeckt wurde; es gilt aber auch für die Reportage (Egon Erwin Kisch), die wissenschaftliche Quellen aufbereitende Biographie, den desillusionierenden Geschichtsroman (Lion Feuchtwanger) oder den Gegenwartsroman (Alfred Döblin, Hans Fallada, Erich Kästner; Ludwig Renn, Anna Seghers). In der Lyrik (Bertolt Brecht, Walter Mehring, Erich Kästner, Joachim Ringelnatz) verlegte man sich auf »Gebrauchslyrik«, wie Brecht es nannte.

Dokumentarisches Theater, Reportage, Biographie, Gegenwartsroman, Gebrauchslyrik

3. Autoren

Ernst Barlach

Sohn eines Arztes, wurde am 2. Januar 1870 im holsteinischen Wedel geboren. Seine künstlerische Ausbildung erhielt er an der Gewerbeschule in Hamburg und an der Kunstakademie in Dresden. Nach zwei Parisaufenthalten lebte er in Hamburg, Berlin und Wedel, und erst nach einer Russlandreise und schließlich einer Reise nach Florenz war er sich gewiss, einen eigenen künstlerischen Stil gefunden zu haben. Ein fester Vertrag mit dem Kunsthändler und Verleger Ernst Cassirer gab ihm finanzielle Sicherheit. Seit 1910 hielt er sich mit seiner Mutter und seinem unehelich geborenen Sohn in Güstrow, südlich von Rostock gelegen, auf. Hier entstand sein Hauptwerk, sowohl seine bildhauerischen und graphischen Arbeiten als auch sämtliche Dramen (*Der tote Tag*, *Der arme Vetter*, *Die echten Sedemunds*, *Die Sündflut*, *Der blaue Boll*, *Der Findling*, *Der Graf von Ratzeburg*), Romane (*Der gestohlene Mond*) und das *Güstrower Tagebuch 1914–1917*. Nach der Machtergreifung durch die Nationalsozialisten wurde Barlach, gerade im Februar 1933 noch zum Ritter der Friedensklasse des Ordens Pour le Mérite erhoben, zum verfemten Künstler erklärt. Sein künstlerisches Werk, vor allem seine Plastiken, galten als ›entartet‹ oder ›ostisch‹. Sie wurden aus Kirchen und Klöstern entfernt, zerstört oder gegen Devisen ins Ausland verkauft. Seine

Schriften wurden im Mai 1933 verbrannt, seine Dramen erhielten Aufführungsverbot. Wenn es auch zu Barlachs Lebzeiten 54 Inszenierungen seiner Dramen gab, steht eine Neuentdeckung Barlachs als Dramatiker noch aus, wohingegen das Werk des bildenden Künstlers voll rehabilitiert ist. Barlach starb 1938 in Rostock.

Als Beispiel für den Dramatiker Barlach sei hier der Handlungsverlauf eines seiner Dramen skizziert:

Der arme Vetter

Hans Iver, der ›arme Vetter‹, ist von der ›guten‹ Gesellschaft, aus der er stammt, geächtet. Er unternimmt aus Ekel vor sich und seinem ›faulen Selbstsein‹ in den einsamen Heidegegenden der Oberelbe einen Selbstmordversuch, den aber hinzukommende Gäste eines nahe liegenden Rasthauses vereiteln können. Das unerklärliche Verhalten des Verwundeten gibt der bunt zusammengewürfelten Gruppe Anlass zu verschiedenen Vermutungen. Die ordinäre Frau Keferholz, der um seine kranken Kinder besorgte Dr. Engholm, der herumvagabundierende ehemalige Volksschullehrer Voß, der biedere Schiffer Bolz, Herr Siebenmark und seine Verlobte, Fräulein Isenbarn, versuchen, das ihnen unerklärliche Motiv für Ivers Selbstmordversuch zu deuten. Der trocken-geschäftsmännische Siebenmark glaubt, mit Geld helfen zu können. Seine Verlobte dagegen beginnt den wahren Grund von Ivers Verzweiflung zu erkennen und sich mit zunehmender Einsicht von Siebenmark zu lösen. Eine Schar frierender und ausgehungerter Ausflügler, die der verspätete Elbdampfer zum Anlegeplatz bringt, umringt in der Gaststube einen in grotesker Ausgelassenheit als ›Frau Venus‹

vermummten feisten Tierarzt, der den Verzweifelten in unwissender Rohheit als ›scheinheiligen Venusfreund‹ zur Zielscheibe seines plumpen Witzes macht. Unheimlich sind die grölenden Rundgesänge des betrunken dem Dampfer zutaumelnden Rachechores. Eifersucht, der ehrliche Drang zu helfen und die ihm langsam aufdämmernde Erkenntnis der Leere und Ungesichertheit der eigenen Existenz bewegen Siebenmark zu einer nächtlichen Auseinandersetzung mit Iver, der aber das ihm angebotene Geld im Streit hohnlachend zurückweist. Fräulein Isenbarn, vor die Wahl zwischen Siebenmark und Iver gestellt, entscheidet sich offen für den – toten Iver. Er wird mit aufgerissenen Verbänden im Gesträuch gefunden. Die Handlung verwandelt sich in einen Epilog, in dem die alt gewordenen Voß und Engholm sich mitteilen, dass Fräulein Isenbarn einen namentlich unterschriebenen Zettel mit der rätselhaften Notiz: »ich bin es nicht mehr« zurückgelassen habe. Einem »hohen Herrn« – ihrem eigenen »hohen Sinn« – diene sie jetzt, und dem diene sie als Nonne, ja, ihr Kloster sei die Welt, ihr Leben – ein Gleichnis.

Gleichnis für das Leben

Zum Gleichnis für das Leben und zum Prüfstein für die eigene Wandlungsfähigkeit wird die Begegnung mit Iver. Wer sich zu ihm, dem Einsamen und Außenseiter, bekennt, wird in eine ›höhere Wirklichkeit‹ entrückt.

Wandlungsfähigkeit

Werke: ***Der tote Tag.*** 1912 – ***Der arme Vetter.*** 1918 – ***Die echten Sedemunds.*** 1920 – ***Der Findling.*** 1922 – ***Die Sündflut.*** 1924 – ***Der blaue Boll.*** 1926 – ***Ein selbsterzähltes Leben.*** 1928 – ***Die gute Zeit.*** 1929 – ***Russisches Tagebuch.*** 1940 – ***Güstrower Tagebuch 1914–1917.*** 1943 – ***Der gestohlene Mond.*** 1948 – ***Seespeck.*** 1948 – ***Der Graf von Ratzeburg.*** 1951.

Johannes R. Becher

wurde am 22. Mai 1891 in München als Sohn des Amtsrichters und späteren Oberlandesgerichtspräsidenten geboren. Er wuchs in großbürgerlichen Verhältnissen auf und rebellierte früh gegen seine autoritäre Erziehung. Nach dem Abitur erschoss er – darin Heinrich von Kleist nachahmend – seine Geliebte und unternahm anschließend einen Selbstmordversuch, den er jedoch schwer verletzt überlebte. Er nahm ein Studium der Medizin auf, schloss dieses jedoch nicht ab, verweigerte den Kriegsdienst und trat 1917 in die USPD ein, dann ein Jahr später in den Spartakusbund und schließlich 1919 in die KPD. Aufgrund des Gedichtbandes *Der Leichnam auf dem Thron* wurde er wegen Hochverrats verhaftet, der Prozess wurde verschleppt, durch öffentlichen Protest von Brecht und Gorki, Thomas Mann u. a. 1928 sogar eingestellt. 1927 nahm Becher am ersten »Internationalen Kongress revolutionärer Schriftsteller« in Moskau teil, 1928 wurde er Vorsitzender des »Bundes proletarisch-revolutionärer Schriftsteller« und gab dessen Zeitschrift *Die Linkskurve* heraus. Als Emigrant lebte er von 1933 bis 1935 in Moskau, arbeitete als Chefredakteur der dort erscheinenden deutschen Ausgabe der Zeitschrift *Internationale Literatur* und gehörte 1943 zu den Mitbegründern des »Nationalkomitees Freies Deutschland«. 1945 nach Berlin zurückgekehrt, entfaltete er wichtige kulturpolitische Aktivitäten: Er gründete den »Kulturbund zur demokratischen Erneuerung Deutschlands«, den Aufbau-Verlag und die Zeitschrift *Sinn und Form*, Institutionen, die das Kulturleben der DDR wesentlich bestimmen sollten. Von 1952 bis 1954 bekleidete er das Amt des Präsidenten der Deutschen Akademie der Künste und von 1954 bis 1958 das des Kultusministers der DDR. Becher starb am 11. Oktober 1958 in Berlin.

Expressionistische Pathetik

Becher verkörpert den Expressionisten, dessen expressionistische Pathetik noch von einem eigentlich inhaltslosen Willen zur Tat getragen wurde, der sich dann aber im Sinne der revolutionären Arbeiterbewegung in der Weimarer Republik konkretisiert. Seine offene, eine konkrete Festlegung verweigernde Pathetik lässt sich sehr gut seinem Programmgedicht ***Vorbereitung*** ablesen:

Der Dichter meidet strahlende Akkorde.
Er stößt durch Tuben, peitscht die Trommel schrill.
Er reißt das Volk auf mit gehackten Sätzen.

Ich lerne. Ich bereite vor. Ich übe mich.
Wie arbeite ich – hah leidenschaftlichst! –
Gegen mein noch unplastisches Gesicht –:
Falten spanne ich.
Die Neue Welt
(– eine solche: die alte, die mystische, die Welt der
Qual austilgend –)
Zeichne ich, möglichst korrekt, darin ein.
Eine besonnte, eine äußerst gegliederte, eine *geschliffene*
Landschaft schwebt mir vor,

Eine Insel glückseliger Menschheit.
Dazu bedarf es viel. (Das weiß er auch längst sehr wohl.)

O Trinität des Werks: Erlebnis Formulierung Tat.

Ich lerne. Bereite vor. Ich übe mich.

... bald werden sich die Sturzwellen meiner Sätze zu einer
unerhörten Figur verfügen.
Reden. Manifeste. Parlament. Das sprühende politische
Schauspiel. Der Experimentalroman.
Gesänge von Tribünen herab vorzutragen.

Menschheit! Freiheit! Liebe!

Der neue, der Heilige Staat
Sei gepredigt, dem Blut der Völker, Blut von ihrem
Blut, eingeimpft.
Restlos sei er gestaltet.
Paradies setzt ein.
– Laßt uns die Schlagwetter-Atmosphäre verbreiten! –
Lernt! Vorbereitet! Übt euch![21]

Werke: ***Der Ringende.*** 1911 – ***Erde.*** 1912 – ***Die Gnade eines Frühlings.*** 1912 – ***De profundis Domine.*** 1913 – ***An Europa.*** 1916 – ***Die heilige Schar.*** 1918 – ***Gedichte für ein Volk.*** 1919 – ***Um Gott.*** 1921 – ***Am Grab Lenins.*** 1924 – ***Hymnen.*** 1924 – ***Vorwärts, du rote Front!*** 1924 – ***Der Leichnam auf dem Thron.*** 1925 – ***Die hungrige Stadt.*** 1927 – ***Graue Kolonnen.*** 1930 – ***Deutscher Totentanz.*** 1933 – ***Gewißheit des Siegs und Sicht auf große Tage. Gesammelte Sonette 1935–1938.*** 1939 – ***Abschied. Einer deutschen Tragödie erster Teil. 1900–1914.*** 1940 – ***Dank an Stalin-***

grad. 1943 – *Neue deutsche Volkslieder. 1950* – *Auf andere Art so große Hoffnung. Tagebuch 1950.* 1951 – *Deutsche Sonette.* 1952 – *Verteidigung der Poesie.* 1952 – *Drei Romane in Versen.* 1953 – *Das poetische Prinzip.* 1957.

Gottfried Benn

»Geboren [am 2. Mai] 1886 und aufgewachsen in Dörfern der Provinz Brandenburg. Belangloser Entwicklungsgang, belangloses Dasein als Arzt in Berlin«[22], so lauten Benns lakonische Angaben, die er Pinthus für den biographisch-bibliographischen Anhang der *Menschheitsdämmerung* zur Verfügung stellte. Hinter diesen kargen Daten verbirgt sich dennoch eine nicht ganz so belanglose Vita, wie Benn glauben machen will. Er wurde in Mansfeld in der Westprignitz als Sohn eines protestantischen Pastors und einer aus der französischen Schweiz stammenden Mutter geboren, eine Herkunft, die für Benn wichtig werden sollte, weil sich hier das kunstliebende Romanische mit dem Geist des protestantisch deutschen Pfarrhauses verband, das seit dem 18. Jahrhundert schon mehrfach Literaten als Söhne hervorgebracht hatte. Benn besuchte das Gymnasium in Frankfurt an der Oder, studierte auf Wunsch seines Vaters Theologie und Philosophie, wandte sich aber dann dem Medizinstudium zu und absolvierte die Kaiser-Wilhelm-Akademie für Militärärzte in Berlin. Aus gesundheitlichen Gründen schied er aus dem militärischen Dienst aus und arbeitete kurze Zeit als Privatarzt in Berlin. Im Ersten Weltkrieg war Benn bis 1917 in Belgien als Militärarzt tätig, nach dem Krieg eröffnete er eine Praxis für Haut- und Geschlechtskrankheiten, in der er auch nach dem Zweiten Weltkrieg wieder tätig wurde. Nach Hitlers Machtergreifung nahm er für kurze Zeit Partei für den Nationalsozialismus, wandte sich aber schon bald wieder von ihm ab und wurde aufs heftigste im *Schwarzen Korps* und im *Völkischen Beobachter* von den Nationalsozialisten attackiert, schließlich aus dem Ärztebund, dann 1938 aus der Reichsschrifttumskammer ausgeschlossen und mit einem Schreibverbot belegt. Benn wählte – wie er selbst sagt – die »aristokratische Form der Emigration«[23], trat in den Heeresdienst ein, um zuerst in Hannover, dann einige Jahre in Berlin, schließlich seit 1943 in Landsberg an der Warthe die Tätigkeit eines militärärztlichen Beamten auszuüben. Benn starb 1956 in Berlin. Zuvor waren ihm der Büchnerpreis (1951) und das Verdienstkreuz der Bundesrepublik (1953) verliehen worden.

Gegen Ende seines Studiums veröffentlichte Benn seinen ersten Aufsehen erregenden Gedichtband *Morgue und andere Gedichte* (1912). Mit diesem Zyklus schockierte er die bürgerliche Gesellschaft, indem er die herkömmlichen Vorstellungen von Lyrik grundsätzlich in Frage stellte, sodass die Gedichte gleich nach ihrem Erscheinen einen Sturm der Entrüstung auslösten. Er verstörte eine nach schöngeistiger Literatur dürstende, Kunst als dekorativen Schmuck konsumierende bürgerliche Epoche durch eine für die Lyrik bislang ungewohnte Thematik, indem er seine Leser ins Leichenschauhaus, den Sektionssaal oder in die Krebsbaracke führte. Dadurch war – wie Stadler es formulierte –, gründlich »mit dem lyrischen Ideal der Blaublümeleinritter aufgeräumt«[24], stattdessen präsentierte Benn, den Schock dabei kunstvoll kalkulierend und die Provokation des Lesers suchend, die »Krone der Schöpfung«, den Menschen, nicht in idealisierter Form, sondern als ein »etwas, das winselt«, einen *Klumpen Fett und faule Säure*. In seinem Vorwort zu *Frühe Lyrik und Dramen* steht die Aufforderung zur Desillusion: »Laßt doch euer ewiges ideologisches Geschwätz, euer Gebarme um etwas ›Höheres‹, der Mensch ist kein höheres Wesen«[25]. Benn zeigt mit klinisch kaltem Blick und ohne jede Rührung die erbärmliche Kreatürlichkeit und den physischen Zerfall. Er, selbst Arzt, behält den Blick des Arztes bei, spricht dessen medizinische Fachsprache und durchsetzt seine Lyrik mit dem laxen, ärztlichen Jargon.

Der klinische Blick

Kleine Aster

Ein ersoffener Bierfahrer wurde auf den Tisch gestemmt.
Irgendeiner hatte ihm eine dunkelhellila Aster
zwischen die Zähne geklemmt.
Als ich von der Brust aus
unter der Haut
mit einem langen Messer
Zunge und Gaumen herausschnitt,
muß ich sie angestoßen haben, denn sie glitt
in das nebenliegende Gehirn.
Ich packte sie ihm in die Brusthöhle
zwischen die Holzwolle,

als man zunähte.
Trinke dich satt in deiner Vase!
Ruhe sanft,
kleine Aster![26]

Ausgehend von dem Ekel am Dasein, vor allem am Menschen, sucht Benn nach dem noch Ungeformten, Vorweltlichen, den weiten exotischen und kosmischen Räumen, wendet er sich gegen das Kreatürliche und sucht den Geist als reine Form. Eine solche Metaphysik der Form sicherte den Menschen gegen die Zerstörung. Benn durchläuft den Weg von der radikalen Zerstörung überlieferter Kunstformen zu einer erneuten Heiligung der Kunst. Mit den Worten aus seiner Schrift *Fanatismus und Transzendenz*:

»Ich habe die Atmosphäre meines Vaterhauses bis heute nicht verloren: in dem Fanatismus zur Transzendenz, in der Unbeirrbarkeit, jeden Materialismus historischer und psychologischer Art als unzulänglich für die Erfassung und Darstellung des Lebens abzulehnen. Aber ich sehe diese Transzendenz ins Artistische gewendet, als Philosophie, als Metaphysik der Kunst. Ich sehe die Kunst die Religion dem Range nach verdrängen. Innerhalb des allgemeinen europäischen Nihilismus, innerhalb des Nihilismus aller Werte, erblicke ich keine andere Transzendenz als die Transzendenz der schöpferischen Lust?«[27]

Transzendenz schöpferischer Lust

Als Beispiel für das frühe expressionistische Prosawerk Benns sei die erste seiner fünf Erzählungen vorgestellt, die er nach ihrem Protagonisten als den »Rönne-Komplex« bezeichnet hat: ***Gehirne*** (1914). Mit Rönne schafft sich Benn das, was er später einen »Phänotyp« genannt hat: »Der Phänotyp ist das Individuum einer jeweiligen Epoche, das die charakteristischen Züge dieser Epoche evident zum Ausdruck bringt, mit dieser Epoche identisch ist, das sie repräsentiert.«[28]

Der junge Arzt Rönne befindet sich auf dem Weg durch Süddeutschland nach dem Norden, um dort eine Chefarztstelle in einem Sanatorium zu vertreten. Zuvor war er an einem pathologischen Institut für zwei Jahre angestellt gewesen, »es waren ungefähr zweitausend Leichen ohne Besinnen durch seine Hände gegangen«[29], was ihn so stark erschöpft hatte, dass er die letzten Monate, bevor er die Reise zur Chefarztvertretung antrat, »tatenlos verbracht« hat. Gleich zu Beginn seines Aufenthaltes in dem auf der Höhe eines Gebirges gelegenen Sanatoriums durchfährt ihn der Gedanke: »Das Leben ist so allmächtig [...], diese Hand wird es nicht unterwühlen können.« Dabei sieht er seine rechte Hand an. »Umleuchtet von seiner Einsamkeit«, bespricht er sich mit den Schwestern über dienstliche Angelegenheiten. Er selbst kommt seinen dienstlich-medizinischen Verrichtungen und Verpflichtungen nur noch mechanisch nach. Er entfremdet sich von sich selbst immer mehr. Eines Morgens sitzt er am Frühstückstisch und »fühlt so tief«: »Der Chefarzt würde verreisen, ein Vertreter würde kommen, in dieser Stunde aus dem Bette steigen und das Brötchen nehmen.« In Rönne steigert sich das Gefühl, dass er keinen Halt mehr hinter den Augen habe: »Zerfallen ist die Rinde, die mich trug.« Eine Schwester macht folgende Beobachtung: Rönne nimmt das Gehirn eines gerade geschlachteten größeren Tieres, dessen Kopf man aufgeschlagen hat, in die Hände und biegt »die [Hirn-]Hälften auseinander«. Diese Bewegung mit den

Händen erinnert die Schwester an die oft bei Rönne zu beobachtende Geste, dass er nämlich seine Hände nach dem Gang durch die Liegehallen hin und her dreht und sie ansieht.

Rönne beginnt, seinen Dienst noch unregelmäßiger zu versehen. Ihm ist es zuweilen nicht möglich, sich »gesprächsweise zu dem Verwalter oder der Oberin über irgendeinen Gegenstand zu äußern«. Er verfällt in völlige Apathie und liegt fast ununterbrochen wie die Patienten des Sanatoriums und rührt sich kaum. Der Chefarzt, den Rönne vertreten sollte, wird zurückgerufen; er entschuldigt sein vorzeitiges Kommen gegenüber Rönne damit, dass eine seiner Töchter erkrankt sei. Rönne entgegnet ihm:

»Sehen Sie, in diesen meinen Händen hielt ich sie, hundert oder auch tausend Stück: manche waren weich, manche waren hart, alle sehr zerfließlich; Männer, Weiber, mürbe und voll Blut. Nun halte ich immer mein eigenes in meinen Händen und muß immer darnach forschen, was mit mir möglich sei. Wenn die Geburtszange hier ein bißchen tiefer in die Schläfe gedrückt hätte …? Wenn man mich immer über eine bestimmte Stelle des Kopfes geschlagen hätte …? Was ist es denn mit den Gehirnen? Ich wollte immer auffliegen wie ein Vogel aus der Schlucht; nun lebe ich außen im Kristall. Aber nun geben Sie mir bitte den Weg frei, ich schwinge wieder – ich war so müde – auf Flügeln geht dieser Gang – mit meinem blauen Anemonenschwert – in Mittagsturz des Lichts – in Trümmern des Südens – in zerfallendem Gewölk – Zerstäubungen der Stirne – Entschweifungen der Schläfe.«

Entschweifungen

Man könnte diese Inhaltsangabe auch in dem einen Satz zusammenfassen: Ein junger Arzt erkrankt während der Vertretung einer Chefarztstelle in einem Sanatorium an

Schizophrenie und wird handlungsunfähig. Vom Ende der Erzählung her lässt sich aber die ›Novelle‹ nicht nur als der Ausbruch einer Schizophrenie bei einem Mediziner lesen. Vom Ende her lässt sie sich auch als Künstlererzählung oder -novelle verstehen: Rönne wird nämlich nach den ›üblichen‹ Einschätzungen ›wahnsinnig‹; zugleich wird aber im Akt der Zerstörung ein Dichter ›geboren‹, wenn die Rationalität zugunsten des ›wahreren‹ Irrationalen (oder – mit Musil zu sprechen – des ›Nicht-Ratioïden‹) weicht. »Der Dichter befreit sich in der ›Überhöhung‹ oder im ›Außersich des Rausches‹ von der Qual des Bewusstseins. Benn nennt diese rauschhafte Selbstbefreiung später ›Zusammenhangsdurchstoßung‹, die den schöpferischen Prozeß und damit wieder einen Zustand höchster, konstruktiver Bewußtheit einleitet.«[30]

Werke: *Morgue und andere Gedichte.* 1912 – *Söhne. Neue Gedichte.* 1913 – *Gehirne. Novellen.* 1916 – *Fleisch. Gesammelte Lyrik.* 1917 – *Diesterweg. Eine Novelle.* 1918 – *Der Vermessungsdirigent. Erkenntnistheoretisches Drama.* 1919 – *Etappe.* 1919 – *Das moderne Ich.* 1920 – *Die gesammelten Schriften.* 1922 – *Schutt.* 1924 – *Betäubung.* 1925 – *Spaltung. Neue Gedichte.* 1925 – *Gesammelte Gedichte.* 1927 – *Gesammelte Prosa.* 1928 – *Das Unaufhörliche. Oratorium.* 1931 – *Der neue Staat und die Intellektuellen.* 1933 – *Kunst und Macht.* 1934 – *Gedichte.* 1936 – *Statische Gedichte.* 1948 – *Der Ptolemäer.* 1949 – *Ausdruckswelt. Essays und Aphorismen.* 1949 – *Doppelleben. Zwei Selbstdarstellungen.* 1950 – *Fragmente. Neue Gedichte.* 1951 – *Probleme der Lyrik.* 1951 – *Destillationen. Neue Gedichte.* 1953 – *Apréslude.* 1955.

Georg Heym

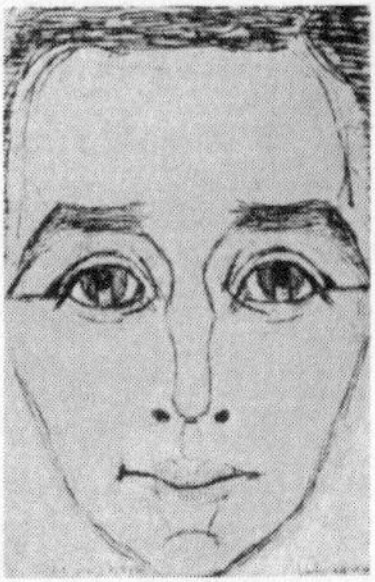

wurde am 30. Oktober 1887 in Hirschberg (Schlesien) geboren. Bedingt durch die häufigen Versetzungen seines Vaters, der als Staatsanwalt tätig war, zog die Familie mehrfach um, bis sie sich ab 1900 fest in Berlin niederlassen konnte. Heym besuchte dort das Joachimsthal'sche Gymnasium, musste dann aber auf das Friedrich-Wilhelm-Gymnasium in Neuruppin wechseln, weil er aus seiner alten Schule wegen eines Schülerstreichs »verbannt« wurde, wie Heym es empfand. 1907 begann er ein Jurastudium in Würzburg, setzte es in Jena und Berlin fort, schloss es mit einem Examen 1911 in Berlin ab und promovierte noch innerhalb dieses Jahres. Bereits während der Referendarausbildung versuchte er, dem verhassten Juristenberuf dadurch zu entfliehen, dass er eine Dolmetscherausbildung für den konsularischen Dienst antrat, schließlich bewarb er sich um eine Einstellung als Fahnenjunker bei einem Artillerieregiment, beides wohl Fluchtversuche aus einer vom Vater vorbestimmten, gehassten Lebensbahn. Seit 1910 gehörte Heym dem von Kurt Hiller gegründeten »Neuen Club« an, durch dessen Mitglieder er in seiner dichterischen Entwicklung gefördert und bestätigt wurde. Am 16. Januar 1912 kam er durch einen Unfall ums Leben: Bei einer Schlittschuhpartie auf der Havel brach er mit seinem Freund Ernst Blacke ein und ertrank.

Heyms Tagebuchaufzeichnungen verraten, dass sein Leben früh von Aufbegehren gekennzeichnet war, Aufbegehren gegen die Institution Schule, gegen das Elternhaus, schließlich gegen eine starre Gesellschaftsordnung des wilhelminischen Deutschland, durch die er sich geknebelt sah und der er sich nur durch Fluchtphantasien und theatralische Selbstmordvorstellungen und -androhungen glaubte entziehen zu können.

Fluchtphantasien

Vom Joachimsthaler Gymnasium wurde er verwiesen, weil er ein der Schule gehörendes Ruderboot aus Trotz gegen den Schulzwang verbrannt hatte. Die Konferenzbücher des Friedrich-Wilhelm-Gymnasiums weisen mehrere Eintragungen wegen der Verstöße gegen die Schulordnung auf. Um den Direktor dieser Schule bloßzustellen, verfasste Heym einen Abschiedsbrief, adressiert an das Provinzialschulkollegium in Berlin, in dem er seinen Selbstmord ankündigt: »Ich, der Oberprimaner Georg Heym, Sohn des kaiserlichen Militäranwalts Hermann Heym, Berlin W. 30. [...] seit Ostern 1905 Schüler des Ruppiner Gymnasiums, gestorben durch eigene Hand [...], erlaube mir einem hohen Provinzialschulkollegium noch aus dem Hades, damit der Tragödie auch das Satyrspiel nicht fehle, gehorsamst folgendes zu unterbreiten [...].«[31] Gleich nach der Referendarausbildung inszenierte Heym mit seinen Freunden eine Verbrennung seiner juristischen Lehrbücher auf einem der elterlichen Wohnung nahe gelegenen Grundstück, um so seinem Hass auf Studium und Brotberuf Luft zu machen.

Bezeichnend für Heym ist, dass er wohl weiß, was er nicht will, nämlich die ihn einschnürende Enge einer bürgerlichen Existenz. Nicht aber, wohin der Weg führen soll. »Ich weiß nicht mehr, wo mein Weg hingeht. Früher war alles klar, einfach. Jetzt ist alles dunkel, auseinander, zerstreut. Eine solche Mischung wie ich ist sicher noch nirgends da

Enge der bürgerlichen Existenz

gewesen, von rechts wegen müsste das unmittelbar zum Wahnsinn führen. Am liebsten wäre ich, man denke sich, Kürassierleutnant, – heute – und morgen wäre ich am liebsten Terrorist.«[32] Immer wieder klagt Heym über eine in ihm wohnende Krankheit, eine Melancholie, die er auf den Mangel an Erlebnissen zurückführt. Krankheitssymptome sind: eine »Verzweiflung, ehe man noch begonnen hat«, »inhaltsloses Dasein«, »Ereignislosigkeit des Lebens«, »Hunger nach einer Tat«, »Geschmack von Alltäglichkeit«. Heilmittel sind: »eine große Revolution«, »eine Durchquerung Afrikas« oder »ein Krieg«[33]. Krankheit und Arznei zugleich benennend, heißt es im Tagebuch:

Langeweile

Hunger nach Tat

»Ich aber, der Mann der Dinge, ich, ein zerrissenes Meer, ich immer in Sturm, ich der Spiegel des Außen, ebenso wild und chaotisch wie die Welt, ich leider so geschaffen, dass ich ein ungeheures, begeistertes Publikum brauche, um glücklich zu sein, krank, genug, um mir nie selbst genug zu sein, ich wäre mit einem Male gesund, ein Gott, erlöst, wenn ich [...] die Menschen herumrennen sähe mit angstzerfetzten Gesichtern, wenn das Volk aufgestanden wäre, und eine Straße hell wäre von Pieken, Säbeln, begeisterten Gesichtern, und aufgerissenen Hemden.«[34]

Heym inszeniert für sich in Gedanken die Revolution, und eine solche Ersatzrevolution ist wohl auch die literarische Revolte, an der er mitschreibt, unterstützt von seinen Freunden im »Club«. Er sucht in seinen Fragment gebliebenen Dramen und Gedichten nach lebensgesättigten Gestalten, nach Figuren voller Lebenskraft und findet sie in Revolutionären (Spartakus, Catilina u. a.) oder Menschen der Renaissance.

Als ein Beispiel für Heyms Lyrik sei ein Gedicht aus der Sammlung ***Umbra vitae***, in die Gedichte aus dem Nachlass eingegangen sind, angeführt:

Die Menschen stehen vorwärts in den Straßen
Und sehen auf die grossen Himmelszeichen,
wo die Kometen mit den Feuernasen
um die gezackten Türme drohend schleichen.

Und alle Dächer sind voll Sternedeuter,
Die in den Himmel stecken große Röhren.
Und Zaubrer, wachsend aus den Bodenlöchern,
in Dunkel schräg, die einen Stern beschwören

Krankheit und Misswachs durch die Tore kriechen
in schwarzen Tüchern. Und die Betten tragen
das Wälzen und das Jammern vieler Siechen,
Und welche rennen mit den Totenschragen

Selbstmörder gehen nachts in großen Horden
die suchen vor sich ihr verlornes Wesen,
Gebückt in Süd und West, und Ost und Norden,
Den Staub zerfegend mit den Armen-Besen.

Sie sind wie Staub, der hält noch eine Weile,
Die Haare fallen schon auf ihren Wegen,
Sie springen, daß sie sterben, nun in Eile,
und sind mit totem Haupt im Feld gelegen.

Noch manchmal zappelnd. Und der Felder Tiere
stehn um sie blind, Und stossen mit dem Horne
in ihren Bauch. Sie strecken alle Viere
Begraben unter Salbei und dem Dorne.

Das wie ein Mantel hängt voll Wassertriefen,
Das Jahr ist tot und leer von seinen Winden,
Und ewig Wetter, die sich klagend winden
aus Tiefen wolkig wieder zu den Tiefen.

Die Meere aber stocken. In den Wogen,
Die Schiffe hängen modernd und verdrossen,
zerstreut, Und keine Strömung wird gezogen
Und aller Himmel Höfe sind verschlossen

Die Bäume wechseln nicht die Zeiten
Und bleiben ewig tot in ihrem Ende
Und über die verfallnen Wege spreiten
sie hölzern ihre langen Finger-Hände

Wer stirbt, der setzt sich auf, sich zu erheben,
Und eben hat er noch ein Wort gesprochen.
Auf einmal ist er fort. Wo ist sein Leben?
Und seine Augen sind wie Glas zerbrochen.

Schatten sind viele. Trübe und verborgen.
Und Träume, die an stummen Türen schleifen,
Und der erwacht, zerdrückt von andern Morgen,
muß schweren Schlaf von grauen Lidern streifen[35]

Endzeitstimmung

Zunächst erscheinen die Kometen als Himmelszeichen, von den Menschen, die sich ihnen ausgeliefert fühlen, begafft. Sterndeuter können nicht helfen, auch die Zauberer können mit ihren Beschwörungen das Unheil nicht abwehren. Die Pest grassiert (3. Strophe), und der Leser fühlt sich an mittelalterliche Vorstellungen des Weltuntergangs erinnert, nach der auch die Pest eines der die Endzeit ankündigenden Zeichen war. Der nächste Strophenkomplex spricht von den in Horden auftretenden, ihr verlornes Wesen suchenden Selbstmördern. Menschliches Leben zerfällt ›wie Staub‹ und geht dann in die Natur ein (6. Strophe). Schließlich entzieht sich auch alles Leben der Natur selbst. Die Meere stocken, in ihren Wogen bleiben die Schiffe hängen, finden nicht mehr den sie bergenden Port. Die Bäume sind zeitlos geworden, »bleiben ewig tot in ihrem Ende«. Die beiden letzten Strophen haben summierenden Charakter. »Schatten sind viele«, heißt es zu Beginn der allerletzten Strophe. »Schatten«, »Finsternis«, »Dunkelheit« (*umbra*) des Lebens (*vitae*): so lautet auch der Titel der Sammlung der Nachlassgedichte. Das Leben ist wesenlos, wie ein Schatten oder ein hoffnungsloser, vergeblicher Traum. Sterben und Erwachen gehen ineinander über, bilden keinen deutlichen Gegensatz, denn wer »erwacht, zerdrückt von andern Morgen, / muß schweren Schlaf von grauen Lidern streifen«. Am Ende des Gedichtes steht keine Hoffnung auf einen neuen Tag, der aus dem todesähnlichen Schlaf reißt, sondern das Erwachen ist nur Störung eines als Todesschlaf empfundenen Lebens.

Was Heym beschreibt, ist die Erstarrung des Lebens, eine müde, monoton und leblos gewordene Existenzform. Den Ton der Monotonie, des sich Einlassens auf einen schleppenden kriechenden Gang, erzeugt er durch die stets wiederholte unabgewandelte Form der vierzeiligen Strophen, die, im Kreuzreim gereimt, meist den fünffüßigen Jambus ohne jede Veränderung verwenden. Hinzu kommt eine merklich gewollte Primitivität des Stils, die bewusst jede künstlerische Anstrengung der Aussage vermissen lässt. Die Satzverknüpfungen sind einfach gehalten: mehrfache ›und‹-Verbindungen, Relativsätze, sehr wenige Partizipialkonstruktionen. Satzende und Zeilenende fallen meist zusammen. Die Metaphern klingen unbeholfen, sodass sich der Eindruck einer gewaltigen, aber gewollten Monotonie der Form verstärkt, die Endzeitstimmung einfängt.

Werke: ***Der Athener Ausfahrt.*** 1907 – ***Der ewige Tag.*** 1911 – ***Umbra vitae.*** 1912 – ***Der Dieb. Ein Novellenbuch.*** 1913 – ***Marathon.*** 1914.

Jakob van Hoddis

d. i. Hans Davidson, wurde am 16. Mai 1887 als Sohn eines Arztes in Berlin geboren. Er studierte nach der Schulzeit in Berlin zunächst Architektur in München, wechselte dann aber das Studienfach und setzte sein Studium der klassischen Philologie und Philosophie in Jena und Berlin fort. Van Hoddis gründete, zusammen mit Erwin Loewenson und Kurt Hiller den »Neuen Club« (1909). Bereits 1912 zeigten sich erste psychische Krankheitserscheinungen, die von 1914 an eine private Pflege bzw. Aufenthalte in Heil- und Pflegeanstalten nötig machten. Sein letzter Aufenthalt war die israelitische Kuranstalt in Sayn bei Koblenz, von wo aus er am 30. April 1942 nach Polen deportiert und im gleichen Jahr ermordet wurde. Van Hoddis hinterließ ein schmales lyrisches Werk (entstanden zwischen 1909 und 1914).

Weltende

Dem Bürger fliegt vom spitzen Kopf der Hut,
In allen Lüften hallt es wie Geschrei.
Dachdecker stürzen ab und gehn entzwei
Und an den Küsten – liest man – steigt die Flut.

Der Sturm ist da, die wilden Meere hupfen
An Land, um dicke Dämme zu zerdrücken.
Die meisten Menschen haben einen Schnupfen.
Die Eisenbahnen fallen von den Brücken.[36]

Berühmt wurde Hoddis vor allem durch dieses 1911 veröffentlichte Gedicht. Das zweistrophige Gedicht, das am 11. Januar 1911 in der Berliner Zeitschrift *Der Demokrat* erschien, markiert die Geburtsstunde des Expressionismus, wenn man den Worten einiger Expressionisten Glauben schenken will: So bemerkt Franz Pfemfert zu *Weltende*: »Dieses Gedicht des genialen Jakob van Hoddis leitete, im Januar 1911, die Aktionslyrik ein, die jetzt das Schlagwort ›expressionistische‹ Lyrik nennt. Ohne Jakob van Hoddis wäre unser Alfred Lichtenstein, wären die meisten, fortschrittlichen Lyriker undenkbar.«[37] Kurt Pinthus beginnt später mit diesem Text seine Anthologie expressionistischer Gedichte, und es ist nicht zuletzt diese ausgezeichnete Stellung, die dem kleinen, unscheinbaren Gedicht über die Zeit hinaus zu seiner Berühmtheit verhalf: Innerhalb des Kreises der Expressionisten galt das Gedicht gleichsam als Fanal. Und Kurt Hiller, ausgezeichneter Kenner der literarischen Szene des Expressionismus, bekannte noch 1960 in einem im Schiller-Nationalmuseum in Marbach am Neckar gehaltenen Vortrag: »Sein berühmtes

Gedicht *Weltende*, womit tatsächlich die ›fortgeschrittene‹ oder ›expressionistische‹ Lyrik eröffnet worden ist, kannte ich lange, bevor Franz Pfemfert es druckte. Jawohl, van Hoddis war der Initiator dieser künstlerischen Bewegung.«[38]

Werke: *Weltende.* 1918.

Georg Kaiser

wurde am 25. November 1878 in Magdeburg als Sohn einer Kaufmannsfamilie geboren. Mit der mittleren Reife verließ er vorzeitig das Gymnasium, war Lehrling für nur kurze Zeit in einer Buchhandlung, wechselte dann in die kaufmännische Lehre, die er aber ebenfalls abbrach, um in einem Büro der AEG in Argentinien zu arbeiten. Allerdings nötigten ihn gesundheitliche Probleme, nach Deutschland zurückzukehren. Die folgenden Jahre verbrachte er als freier Schriftsteller, wohnte vornehmlich bei Familienmitgliedern, bis er durch die Heirat mit Margarethe Habenicht zu einem nicht unbeträchtlichen Vermögen kam, das diese in die Ehe als Mitgift einbrachte. Trotzdem sollten sich schon bald finanzielle Probleme einstellen. 1921 wurde Georg Kaiser sogar wegen Unterschlagung und Betrugs zu einem Jahr Gefängnis verurteilt, aber bereits nach zwei Monaten entlassen. Der Kiepenheuer-Verlag übernahm eine Bürgschaft für seine Schulden. Kaiser ließ sich in Berlin nieder. Er sollte zum fruchtbarsten, vielseitigsten und meistgespielten Dramenautor des Expressionismus werden. In seinen Dramen gestaltete er – selbst wenn er zeitferne Stoffe wählte – aktuelle Zeitprobleme. So entstanden historische Dramen, Geschichtsparodien, daneben – vor allem während der Weimarer Republik – Liebes- und Künstlerdramen, Komödien, Filmentwürfe und Beiträge für Revuen und Ballette, Libretti. Zunächst noch von Hofmannsthal und George beeinflusst (Kaiser schrieb sein erstes Drama 1903, gedruckt 1911), wandte er sich später – vor allem bei den expressionistischen Dramen – Strindberg und Wedekind als Anregern zu. Seinen Durchbruch als Dramatiker erlebte er mit seinem Wandlungs- und Erlösungsdrama *Die Bürger von Calais* (veröffentlicht 1914, uraufgeführt 1917); es folgte – ebenfalls 1917 uraufgeführt – das Stationendrama *Von morgens bis mitternachts* (entstanden schon 1912). In dieser mittleren Schaffensphase bediente sich Kaiser – wie andere expressionistische Dramatiker – des visionären und ekstatischen Stils der Expressionisten, ihres Pathos, einer abstrahierten, skelettartigen Handlung und konzentrierten Sprache. Die Bühnenstücke zeichnen sich durch gedankliche Konstruiertheit und einen bühnenwirksamen Aufbau aus. 1918 bzw. 1920 folgte die Aufführung des unter dem Eindruck des Ersten Weltkriegs entstandenen Stückes *Gas*, in dem Kaiser sich mit der technischen und industriellen Entwicklung auseinandersetzt und statt der expressionistischen ›Erneuerung‹ des Menschen dessen Dehumanisierung konstatiert.

Nach der nationalsozialistischen Machtergreifung 1933 erhielt Kaiser Publikations- und Aufführungsverbot; 1938 floh er über die Niederlande in die Schweiz, wo er als mittelloser, vergessener Emigrant lebte und 1945 in Ascona starb.

Das Drama, mit dem ihm der Durchbruch als Dramatiker gelang, sei im Folgenden vorgestellt:

Die Bürger von Calais

Die gewählten Bürger von Calais, der im 14. Jahrhundert von den Engländern belagerten französischen Hafenstadt, erfahren von einem englischen Unterhändler, dass sowohl das Entsatzheer vernichtet als auch der König von Frankreich in der Schlacht getötet worden ist. Sie schenken dem Bericht jedoch keinen Glauben, aber ein gefangener französischer Soldat, den der Engländer vorführen lässt, bestätigt die Aussagen des Engländers. Die Stadt fällt der Vernichtung anheim, wenn nicht beim nächsten Morgengrauen sechs gewählte Bürger, barhäuptig, unbeschuht, mit dem Kittel des armen Sünders bekleidet und den Strick um den Nacken, aus dem Stadttor schreiten, dem englischen König ihre Unterwerfung anzeigen und sich durch ihren Tod für die Stadt opfern. Der angesehene Eustache de Saint-Pierre rät zur Annahme der Bedingung, um so die Stadt zu retten. Der französische Hauptmann Duguesclins möchte sie hingegen mit Waffengewalt verteidigen. Eustache de Saint-Pierre dringt jedoch mit seinem Antrag durch: Sechs gewählte Bürger sollen sich freiwillig melden, es stellen sich aber sieben, einer kann also mit dem Leben davonkommen. Wer das sein wird, darüber soll das Los entscheiden. Als es soweit ist, zieht jeder aus der verdeckten Urne ein Todeslos. Eustache de Saint-Pierre hat nämlich dafür gesorgt, dass nur blaue Todeskugeln hineingelegt wurden. Jetzt soll derjenige frei werden, der, wenn alle am nächsten Morgen gleichzeitig aufbrechen, zuletzt in der Mitte des Marktplatzes ankommt. Beim Morgengrauen ertönt die Glocke. Einer nach dem andern erscheint und legt inmitten des Volkes das Armesünderhemd an. Der Einzige, der noch fehlt, ist Eustache de Saint-Pierre, der zu dem Opfer aufgerufen hat. Erregung und Empörung brechen aus. Man will den anscheinend Abtrünnigen von seinem Haus abholen, da wird er jedoch tot auf einer Bahre hereingetragen. Um den Opferwillen der übrigen sechs wachzuhalten, hat er sich selbst getötet und damit, nach den Worten seines greisen Vaters, der der Bahre gefolgt ist, die Geburt des ›neuen Menschen‹ eingeleitet. Die Größe seiner Tat wird auch entsprechend belohnt: Dem König von England wurde in der Nacht ein Sohn geboren, er verzichtet auf das Opfer der Bürger von Calais und gibt die Stadt frei. Er begibt sich sogar in die Kathedrale, in der der Leichnam Eustaches aufgebahrt liegt, und kniet an seiner Bahre nieder, um dort zu beten, eingedenk des ›neuen Menschen‹.

Neuer Mensch

Die Bürger von Calais sind der Prototyp des expressionistischen Verkündigungsdramas, in dessen Mitte die Verkündigung des ›neuen Menschen‹ steht.

Werke: *Die jüdische Witwe.* 1911 – *König Hahnrei.* 1913 – *Der Kongreß.* 1914 – *Die Bürger von Calais.* 1914 – *Europa.* 1915 – *Großbürger Möller.* 1915 – *Von morgens bis mitternachts.* 1916 – *Die Koralle.* 1917 – *Die Versuchung.* 1917 – *Der gerettete Alkibiades.* 1918 – *Gas.* 1918 – *Gas. Zweiter Teil.* 1920 – *Kanzlist Krehler.* 1922 – *Nebeneinander.* 1923 – *Kolportage.* 1924 – *Die Lederköpfe.* 1928 – *Der Silbersee.* 1933 – *Der Soldat Tanaka.* 1940 – *Rosamunde Floris.* 1940 – *Das Floß der Medusa.* 1948 – *Griechische Dramen (Pygmalion, Zweimal Amphitryon, Bellerophon).* 1948.

Else Lasker-Schüler

wurde am 11. Februar 1869 in Elberfeld, heute Wuppertal, geboren, sie war Enkelin eines westfälischen Großrabbiners. Von 1894 bis 1899 war sie mit dem Arzt Berthold Lasker verheiratet, dann 1910/11 mit dem Herausgeber der Zeitschrift *Der Sturm*, Herwarth Walden. Dadurch gewann sie ausgezeichneten Kontakt zu den Expressionisten. In diesen Jahren lebte sie als Bohemienne in Berlin, Freundschaft verband sie mit Peter Hille, Georg Trakl, Theodor Däubler, Gottfried Benn, Franz Werfel, Karl Kraus, Franz Marc und Oskar Kokoschka. Den größten Teil ihres Lebens verbrachte sie als ›dichtende Vagantin‹. 1933 emigrierte sie in die Schweiz, hielt sich in Palästina und Ägypten auf. Ab 1937 lebte sie in großer Armut in Jerusalem, wo sie 1945 starb. Sie schrieb vor allem Lyrik, Erzählungen, Dramen (*Die Wupper*). Von ihrem ersten Gedichtband *Styx* (1902) bis zum letzten, 1943 erschienenen Band *Mein blaues Klavier* ist ihr dichterisches Werk ein poetischer Fluchtversuch vor der ›realen Welt‹, trunkene Hingabe an eine traumhafte Verzauberung und Phantastik, eine exotisch-orientalische Märchenwelt und an Sinnlichkeit und Ekstatik.

Ein sehr früh (1905) entstandenes, aber die expressionistische Haltung in vielem vorwegnehmendes Gedicht der Lasker-Schüler lautet:

Weltende

Es ist ein Weinen in der Welt,
Als ob der liebe Gott gestorben wär,
Und der bleierne Schatten, der niederfällt,
Lastet grabesschwer.

Komm, wir wollen uns näher verbergen …
Das Leben liegt in aller Herzen
Wie in Särgen.

Du! wir wollen uns tief küssen –
Es pocht eine Sehnsucht an die Welt,
An der wir sterben müssen.[39]

Die beiden ersten Strophen skizzieren eine trostlose Situation: Ein Weinen ist in der Welt, bleierne Schatten lasten grabesschwer, Leben liegt in aller Herzen wie in Särgen. In der zweiten Zeile wird bereits der Grund für diese Weltsituation angedeutet, vorsichtig und im Konjunktiv: »Als ob der liebe Gott gestorben wär«. Dass Gott tot ist, wird zwar nicht gesagt, aber die sichere Vermittlung des Menschen mit Gott ist zutiefst gestört, Schwermut herrscht allerorten (die Reime und Assonanzen unterstützen in den beiden ersten Strophen diesen traurig trostlosen Ton). Dem lyrischen Ich bleibt angesichts einer solchen Situation nichts anderes, als sich zu einem Du zu flüchten (»Du! wir wollen uns tief küssen«). Aber auch diese Fluchtreaktion scheint nicht zu helfen. Wenn sich auch das Ich zum Du flüchtet, bleiben beide unerlöst. Warum, bleibt unbeantwortet. Ob es die Sehnsucht ist, die beide zueinander treibt, sie aber doch nicht zueinander finden lässt, oder ob es eine Sehnsucht ist, die von außen an die Welt klopft, aber ungestillt bleibt und dass daran die beiden sterben müssen, lässt sich nicht entscheiden. Man kann nur so viel sagen, dass ein Zustand der Unerlöstheit herrscht, der nicht aufhebbar ist, da sich weder Ich und Du noch wir und Gott einander vermitteln können.

Werke: *Styx.* 1902 – *Der siebente Tag.* 1905 – *Das Peter Hille-Buch.* 1906 – *Die Nächte Tinos von Bagdad.* 1907 – *Die Wupper.* 1909 – *Meine Wunder.* 1911 – *Mein Herz. Ein Liebesroman mit Bildern und wirklich lebenden Menschen.* 1912 – *Gesichte. Essays und andere Geschichten.* 1913 – *Hebräische Balladen.* 1913 – *Der Prinz von Theben. Ein Geschichtenbuch.* 1914 – *Die gesammelten Gedichte.* 1917 – *Der Malik. Eine Kaisergeschichte.* 1919 – *Die Kuppel. Der Gedichte zweiter Teil.* 1920 – *Der Wunderrabbiner von Barcelona.* 1921 – *Ich räume auf! Meine Anklage gegen meine Verleger.* 1925 – *Konzert.* 1932 – *Arthur Aronymus. Die Geschichte meines Vaters.* 1932 [Prosa] – *Arthur Aronymus und seine Väter.* 1932 [Schauspiel] – *Das Hebräerland.* 1937 – *Mein blaues Klavier.* 1943.

Ernst Stadler

wurde in Colmar am 11. August 1883 geboren, also im Elsaß, was ihn wesentlich prägen sollte. Er wuchs in Straßburg auf, sein Vater war als Ministerialrat Kurator der Kaiser-Wilhelm-Universität zu Straßburg, an der auch Stadler nach seinem Studium der Germanistik, Romanistik und vergleichenden Sprachwissenschaft, der Promotion (über Wolfram von Eschenbachs

Parzival) und der Habilitation über Wielands Shakespeare-Übersetzung als Privatdozent für kurze Zeit tätig war. Während des Sommersemesters 1910 hielt er sich – wie schon für eineinhalb Jahre nach seiner Promotion (1906) als Stipendiat der Cecil-Rhodes-Stiftung – in Oxford auf, als *professeur extraordinaire* lehrte er 1912 in Brüssel, sollte dann nach Toronto als *associate professor* wechseln, woran ihn allerdings die Einberufung in den Krieg hinderte. Mit dem Eisernen Kreuz dekoriert, fiel er 1914 bereits drei Monate nach Kriegsbeginn. Als Jugendlicher, kurz vor dem Abitur, hatte er bereits zu einer Gruppe schriftstellerisch ambitionierter Altersgenossen Anschluss gesucht, zu dem »Jüngsten Elsaß«, wie sie sich nannten, dem auch René Schickele und Otto Flake angehörten. Stadler experimentierte hier ganz unterschiedlich mit Tönen nach Nietzsche, Friedrich Lienhard, Richard Dehmel oder Detlev von Liliencron. Der Ton sollte dann entschieden wechseln, als Stadler sich in dem Band *Präludien* in die Nähe des Stils von Stefan George bzw. Hugo von Hofmannsthal begab; stilbildend waren auch Übersetzungen des französischen Symbolisten Henri de Régnier. Die von ihm eingeschlagene literarische Entwicklung thematisiert Stadler selbst in dem Gedicht

Der Aufbruch

Einmal schon haben Fanfaren mein ungeduldiges Herz
blutig gerissen,
Daß es, aufsteigend wie ein Pferd, sich wütend ins
Gezäum verbissen.

Damals schlug Tambourmarsch den Sturm auf allen
Wegen,
Und herrlichste Musik der Erde hieß uns Kugelregen.
Dann, plötzlich, stand Leben stille. Wege führten
zwischen alten Bäumen.
Gemächer lockten. Es war süß, zu weilen und sich
versäumen,
Von Wirklichkeit den Leib so wie von staubiger Rüstung
zu entketten,
Wollüstig sich in Daunen weicher Traumstunden
einzubetten.
Aber eines Morgens rollte durch Nebelluft das Echo von
Signalen,
Hart, scharf, wie Schwerthieb pfeifend. Es war wie wenn
im Dunkel plötzlich Lichter aufstrahlen.
Es war wie wenn durch Biwakfrühe Trompetenstöße
klirren,
Die Schlafenden aufspringen und die Zelte abschlagen
und die Pferde schirren.
Ich war in Reihen eingeschient, die in den Morgen
stießen, Feuer über Helm und Bügel,
Vorwärts, in Blick und Blut die Schlacht, mit
vorgehaltnem Zügel.
Vielleicht würden uns am Abend Siegesmärsche
umstreichen,
Vielleicht lägen wir irgendwo ausgestreckt unter
Leichen.
Aber vor dem Erraffen und vor dem Versinken
Würden unsre Augen sich an Welt und Sonne satt und
glühend trinken.[40]

Wer auch in dieses Gedicht – wie es häufiger geschehen ist – eine seherische Vorwegnahme des Krieges hineinlesen will, muss bereits die ersten Zeilen überlesen. Dort heißt es: »Einmal schon haben Fanfaren mein ungeduldiges Herz blutig gerissen, / daß es, aufsteigend wie ein Pferd, sich wütend ins Gezäum verbissen.« Diese ersten vier Zeilen müssen auf die dichterischen Anfänge Stadlers im »Stürmer«-Kreis bezogen werden, der zweite Abschnitt des Gedichts, vom plötzlich stillstehenden Leben, vom Ablegen der Rüstung und weichen Traumstunden sprechend, lässt sich auf seine zweite dichterische Entwicklungsphase beziehen, in der er sich der neuromantischen, symbolistischen Dichtung Georges zuwendet. Die dritte, kriegerische Phase meint dann jenen geistigen Neuaufbruch zu einer lebenserfüllteren, das Erlebnis intensivierenderen Dichtung, in der es weder um ›Sieg‹ noch um ›Niederlage‹, sondern um intensivstes Erleben geht, denn, im Bild des Krieges bleibend, ist es gleichgültig, ob man am Abend gesiegt hat oder ›ausgestreckt unter Leichen‹ liegt, entscheidend ist, dass »vor dem Erraffen und vor dem Versinken […] / unsre Augen sich an Welt und Sonne satt und glühend trinken«.

Lebenserfüllte, intensivierende Dichtung

Werke: ***Praeludien.*** 1905 – ***Die Gebete der Demut.*** 1913. Verm. Aufl. 1917 [Übers. nach Francis Jammes] – ***Das Balzac-Buch. Erzählungen und Novellen.*** 1913 – ***Der Aufbruch.*** 1914.

Carl Sternheim

geboren am 1. April 1878 in Leipzig, stammte mütterlicherseits aus einer protestantischen Buchdrucker-, väterlicherseits aus einer jüdischen Bankiersfamilie. Er legte in Berlin 1897 sein Abitur ab, studierte u. a. in München, Göttingen, Leipzig, Jena, Berlin, Freiburg i. Br. und Heidelberg Philosophie, Rechts- und Staatswissenschaften, Literatur- und Kunstgeschichte, machte jedoch keinen Abschluss. 1900 heiratete er Eugenie Hauth und ließ sich in Weimar nieder. Nach der Scheidung ehelichte er die seine künstlerischen Arbeiten kritisch begleitende Thea Löwenstein, geb. Bauer, deren in die Ehe mitgebrachtes Vermögen der Familie eine großbürgerliche Existenz ermöglichte. Man bezog 1908 eine Villa bei München (»Bellemaison«), die ein anziehender und berühmter Künstlertreffpunkt werden sollte. Nach seiner Scheidung (1927) heiratete Sternheim Wedekinds Tochter Pamela, die Ehe hielt von 1930 bis 1934. Ein Jahr später, 1935, lebte Sternheim dann mit Henriette Carbonara in Belgien zusammen. 1942 starb er in Brüssel.

Bürgerliche ›Helden‹-Karikaturen

Sternheim fasste, nach frühen Arbeiten, einen Teil seines dramatischen und epischen Werkes zu Zyklen zusammen. Sechs seiner Komödien (*Die Hose*, *Die Kassette*, *Bürger Schippel*, *Der Snob*, *1913*, *Das Fossil*) stehen unter dem Motto »Aus dem bürgerlichen Heldenleben«, ein Titel, der ironisch verstanden werden muss, denn in den Dramen wird die bürgerliche Moral der Wilhelminischen Ära schonungslos demaskiert. Charakteristisch sind die sprachliche Verknappung und Reduktion, die die Maskenhaftigkeit des Sprechens, die Schablonisierung und Phrasenhaftigkeit der Rede und damit auch die Befangenheit des bürgerlichen Sprechens und Denkens in engen Rastern klar erkennen lassen. Unter dem Titel »Chronik von des zwanzigsten Jahrhunderts Beginn« stellte Sternheim seine Prosastücke zusammen. Von seinen Dramen sei im Folgenden ***Die Hose*** näher vorgestellt:

Der subalterne Beamte Theobald Maske bangt um seine Stellung, weil seine Frau Luise, just in dem Augenblick, als die kaiserliche Majestät an einer großen Volksmenge vorbeifuhr, auf offener Straße ihre Hose verlor. Um die zu erwartenden finanziellen Einbußen auszugleichen, werden sogleich zwei Zimmer der Maske'schen Wohnung vermietet, und zwar an den eleganten, von hohen Bildungsidealen besessenen Schriftsteller Frank Scarron, der Zeuge des peinlichen Zwischenfalls war und sich nun vorgenommen hat, Frau Maske zu verführen, und an den Friseurgehilfen Mandelstam, einen Hypochonder, der ebenfalls den Hosenfall beobachtet hat und die Absichten Scarrons sofort durchschaut. Um den Friseur abzulenken, heuchelt Luise, die sich zu dem Schriftsteller hingezogen fühlt, Interesse an Mandelstam, sodass sich nun beide Männer heftig um ihre Gunst bewerben. Trotz seiner Eifersucht auf Scarron lässt sich Mandelstam durch die ihm gegenüber geäußerten mütterlichen Gefühle der Frau Maske beschwichtigen. Kaum ist er fort, als die Nachbarin Deuter der zum Ehebruch fest entschlossenen Luise gerade neue Beinkleider anmisst, die deren Reiz für den zukünftigen

Liebhaber erhöhen sollen. Scarron überrascht sie in dieser verfänglichen Situation. Nach einigen Ratschlägen und lasziven Anspielungen zieht sich die Kupplerin Deuter zurück und überlässt dem schriftstellernden Scarron das Feld zur Eroberung. Der aber beginnt seine Luise gemachten Avancen mit einem pathetischen Wortschwall und mit Prahlereien über seine Erfahrungen in Bezug auf Frauen. Luise, die wie in Trance diesen Worten lauscht, bekundet dreimal hintereinander völlige Hingabe. Anstatt aber zur Tat zu schreiten, macht Scarron einen Rückzieher und enteilt in sein angemietetes Zimmer, um seine künstlerischen Eindrücke niederzuschreiben. Während Luise auf Scarron wartet, philosophiert der Schriftsteller mit Theobald im Wirtshaus, nachdem sie vorher Luise ihrem Schwadronieren ausgesetzt haben. Mandelstam legt sich in seinem Zimmer schlafen, Luises ›Aufstand‹ gegen ihren Mann ist damit eigentlich schon gescheitert. In diesem Gespräch mit dem ›Literaten‹ und Philisterfeind Scarron wird der Spießbürger Maske zum – scheinbar – überlegenen Skeptiker, der Nietzsches, von Scarron nachgekautes Ideal des ›Übermenschen‹ lächerlich macht. Der rachitische Mandelstam stimmt plötzlich seinem Nebenbuhler mit Begeisterung zu. Am nächsten Morgen erzählt Theobald seiner enttäuschten Frau, er habe Scarron betrunken nach Hause gebracht. Luise hat von den schwächlichen Männern genug; außerdem erfreut sie sich des vitalen Interesses ihres durch ein Techtelmechtel mit Fräulein Deuter auf den Geschmack gekommenen Mannes, der auf diese Weise als Sieger aus den erotischen Verwicklungen hervorgeht. Der zurückkehrende Scarron hat inzwischen ein neues Objekt seiner Begierde und seiner künstlerischen Ambitionen in Gestalt einer Prostituierten gefunden. Er zahlt für das ganze Jahr noch die Miete, erhebt aber auf das Zimmer bei Maskes keinen weiteren Anspruch und ermöglicht es Theobald so, erneut zu vermieten, an einen Herrn Stengelhöh, der an »Stuhlverstopfung« leidet und »wissenschaftlich« tätig ist.

Da die Zimmervermietung sich so gut angelassen hat, ist Maske nun sogar in der verwegenen Laune, sich einen Sohn leisten zu wollen: »Jetzt kann ich es, dir ein Kind zu machen, verantworten.«

Werke: *Der Heiland.* 1898 – *Auf Krugsdorf.* 1902 – *Ulrich und Brigitte.* 1907 – *Die Hose. Ein bürgerliches Lustspiel.* 1911 – *Die Kassette.* 1912 – *Bürger Schippel.* 1913 – *Der Snob.* 1914 – *1913.* 1915 – *Tabula rasa.* 1916 – *Der Stänker.* 1917 – *Chronik von des zwanzigsten Jahrhunderts Beginn.* 1918 – *Europa.* 1919/20. – *Berlin oder Juste milieu.* 1920 – *Tasso oder Kunst des Juste milieu.* 1921 – *Der Nebbich.* 1922 – *Das Fossil.* 1925 – *Oscar Wilde.* 1926 – *John Pierpont Morgan.* 1930 – *Vorkriegseuropa im Gleichnis meines Lebens.* 1936.

Ernst Toller

war – typisch für seine Zeit – sowohl Dichter, Publizist als auch Politiker. Als Sohn eines preußisch-jüdischen Kaufmanns, am 1. Dezember 1893 geboren, besuchte er zunächst eine Privatschule, dann das Realgymnasium in dem seinem Geburtsort Samotschin nahe gelegenen Bromberg. Seit Februar 1914 nahm er sein Studium an der Ausländeruniversität Grenoble auf. Nach Kriegsbeginn meldete er sich freiwillig zum Kriegsdienst. Vor Verdun und durch Verdun zum Pazifismus und Sozialismus bekehrt, nahm er, auch beeinflusst durch Gustav Landauer, Kurt Eisner und Max Weber an der Antikriegsbewegung teil, wurde in der bayerischen Revolution als Mitglied der USPD zweiter Vorsitzender des Vollzugsrats der Münchner Räterepublik im November 1918, nach Eisners Ermordung Vorsitzender des Zentralrats und Abschnittskommandeur der Roten Armee bei Dachau. Durch Denunziation konnte er in seinem Münchner Versteck entdeckt und verhaftet und wegen Hochverrats zu fünf Jahren Festungshaft verurteilt werden.

Im Gefängnis entwickelte er sich zum bekanntesten Dramatiker der Weimarer Republik. Es entstanden dort die Dramen *Die Wandlung*, *Masse Mensch*, *Die Maschinenstürmer*, *Der deutsche Hinkemann*, *Der entfesselte Wotan*, ebenso die Gedichtsammlungen *Gedichte der Gefangenen* und *Das Schwalbenbuch*. Nach der Haftentlassung (1924) wies man ihn widerrechtlich aus Bayern aus, woraufhin Toller eine Kampagne gegen die Klassenjustiz und für die politischen Gefangenen in aller Welt begann. Mit den Dramen *Hoppla, wir leben*, *Feuer aus den Kesseln*, *Die blinde Göttin* entfachte Toller einen heftigen Kampf mit den Nationalkonservativen und den Nationalsozialisten. Vor Hitler hatte er bereits in der *Weltbühne* klar gewarnt (*Reichskanzler Hitler* 1930), was Goebbels dazu veranlasste, Toller als Symbol des ›internationalen Judentums‹ zum Hauptgegner zu deklarieren. Toller trat sein Exil bereits am 27. Februar 1933 an, im August desselben Jahres wurde er ausgebürgert und von den deutschen Auslandsvertretungen und Naziagenten verfolgt. Mit seiner Rede auf dem internationalen PEN-Club Kongress in Dubrovnik begann Toller damit, alle verbannten und verfolgten Gegner des Nationalsozialismus zu sammeln, musste aber mit diesem Versuch scheitern, die Exilgruppen erwiesen sich in ihrer Haltung als zu unpolitisch oder zu individualistisch zersplittert. Er versuchte für die hungernde und Not leidende Zivilbevölkerung im Spanischen Bürgerkrieg ca. 50 Mio. Dollar zu sammeln. Es gelang ihm, sogar Präsident Roosevelt für seine Hilfsaktionen zu gewinnen, er musste dann aber doch mit ansehen, wie Franco den Sieg davontrug. Drei Tage nach der Siegesparade Francos in Madrid erhängte sich Toller 1939 im New Yorker Hotel Mayflower. Seine Dramen wurden in mehr als zwanzig Sprachen übersetzt.

Tollers expressionistisches Drama, das schon im Titel jene Wandlung ankündigt, die auszulösen dem Expressionismus ein Anliegen war, sei im Folgenden kurz vorgestellt:

Die Wandlung

Toller untertitelt sein Stück mit »Drama in sechs Stationen und einem Vorspiel«. Friedrich, der Bildhauer werden möchte, zieht freiwillig in den Kolonialkrieg in der Hoffnung, dass der Kampf »uns alle vereinen« werde. Zurückgekehrt versucht er, in einer Statue den Sieg des Vaterlandes darzustellen. Als ihm ein Kriegsinvalidenpaar jedoch die Augen dafür öffnet, dass der Krieg nur den Interessen der Reichen und Ausbeuter diene und das ›Vaterland‹ in seinen Institutionen nur deren Profit fördere, zertrümmert er die Plastik. Seine Schwester verweist ihn darauf, dass, wer zu den Menschen gehen wolle, erst sich in den Menschen finden müsse. Dies will er beherzigen. An verschiedenen Orten (Gefängnis, Volksversammlung, Platz vor der Kirche) sucht er nunmehr »den Menschen« auf, findet aber nur »verzerrte Bilder des wirklichen Menschen«. Dabei schärft sich sein Blick für die sozialen und politischen Umstände, in denen diese »Menschen« leben bzw. leben müssen, und er wird so zum

Sachwalter der Zerrbilder, die doch eigentlich Mensch sein könnten, wenn sie nur an den Menschen und an sich selbst glaubten. Seine Wandlung endet in einem Aufruf zur Revolution: »Geht hin zu den Reichen und zeigt ihnen ihr Herz, das ein Schutthaufen ward. Doch seid gütig zu ihnen, denn auch sie sind Arme, Verirrte. Aber zertrümmert die Burgen, zertrümmert lachend die falschen Burgen, gebaut aus Schlacke, aus ausgedörrter Schlacke.«[41]

Zerrbilder des Menschen

Werke: ***Die Wandlung. Das Ringen eines Menschen.*** 1919 – ***Gedichte der Gefangenen. Ein Sonettenkreis.*** 1921 – ***Masse Mensch. Ein Stück der sozialen Revolution des 20. Jahrhunderts.*** 1921 – ***Die Maschinenstürmer.*** 1922 – ***(Der Deutsche) Hinkemann.*** 1923/24 – ***Der entfesselte Wotan.*** 1923 – ***Das Schwalbenbuch.*** 1924 – ***Hoppla, wir leben!*** 1927 – ***Justiz. Erlebnisse.*** 1927 – ***Feuer aus den Kesseln.*** 1930 – ***Die blinde Göttin.*** 1933 – ***Eine Jugend in Deutschland.*** 1933 – ***No More Peace.*** 1937 – ***Pastor Hall.*** 1939.

Georg Trakl

wurde am 3. Februar 1887 in Salzburg geboren. Der Vater führte dort einen Eisenhandel, der der Familie einen gutbürgerlichen Lebensstil ermöglichte. »Es ging uns sehr gut; wir hatten eine große Wohnung und lebten in jener behaglichen und selbstverständlichen Aisance, die sich heute niemand mehr vorstellen kann«[42], so schreibt im Rückblick auf die Jugend der jüngste Bruder Georg Trakls. Was Fritz Trakl dabei verschweigt: Von seinem Bruder wird berichtet, dass er als Kind mehrfach Selbstmordversuche unternahm. Er hatte sich vor einen scheuenden Rappen geworfen, war von einem fahrenden Zug gesprungen, ein anderes Mal in einen Teich hineinspaziert. Schamvoll zugedeckt wird in der Notiz des Bruders auch die ausgeprägte Nikotinsucht Georg Trakls, die seit dem fünfzehnten Lebensjahr von Versuchen mit Rauschgift abgelöst wurde. Dem Rauschgift sollte Trakl verfallen bleiben, schließlich sollte er sogar an einer Überdosis Kokain sterben. Außer Georg Trakl litt auch seine Mutter an Rauschgiftsucht, und drei der Geschwister standen ebenfalls in der Gefahr, süchtig zu werden. Mit seiner Schwester Margarethe lebte Trakl in inzestuöser Beziehung, eine Schuld, die ihn aufs tiefste belastete (»Wenn in befleckten Zimmern jegliches Schicksal vollendet ist, tritt mit modernden Schritten der Tod ins Haus«[43]). Margarethe – zur Pianistin ausgebildet – heiratete den alternden Bohemien Langen. Auch sie fand, wie ihr Bruder, nicht in eine bürgerliche Ordnung. Vermutlich von Georg beeinflusst, verfiel sie der Drogensucht; eine hinzukommende Trunksucht verzerrte ihr Wesen bis ins Pathologische. Als sie 1917, begleitet von ihrem Freund Herwarth Walden, eine Gesellschaft besuchte, zog sie sich dort ins Nebenzimmer zurück und erschoss sich.

Trakls berufliche Laufbahn missglückte, nachdem er bereits die Schule hatte verlassen müssen, weil er die siebente Gymnasialklasse trotz Wiederholung nicht erfolgreich absolvieren konnte. Er entschied sich für die Apothekerlaufbahn, vermutlich, weil er sich so die Rauschgifte besser zugänglich machen konnte. Der Beruf des Apothekers erforderte ein dreijähriges Praktikum (1905–08 in Salzburg), dem sich ein Pharmaziestudium in Wien anschloss (1908–1910). Nach einem freiwilligen Militärjahr unternahm Trakl in Salzburg, Wien und Innsbruck zahlreiche Versuche, beruflich tätig zu werden. 1912 lernte er in Innsbruck Ludwig von Ficker kennen, der nicht nur die meisten Gedichte Trakls aus zwei Lebensjahrzehnten in seiner Zeitschrift *Der Brenner* veröffentlichte, sondern der auch Trakl immer wieder eine Zufluchtsstätte als Freund war.

In Briefen an Ficker finden sich jene Selbstanklagen, in denen Trakl sich schonungslos entblößt:

»Zu wenig Liebe, zu wenig Gerechtigkeit und Erbarmen, und immer zu wenig Liebe; allzu viel Härte, Hochmut und allerlei Verbrechertum – das bin ich. Ich bin gewiß, daß ich das Böse nur aus Schwäche und Feigheit unterlasse und damit meine Bosheit noch schände. Ich sehne den Tag herbei, an dem die Seele in diesem unseeligen von Schwermut verpesteten Körper nicht mehr wird wohnen wollen und können, an dem sie diese Spottgestalt aus Kot und Fäulnis verlassen wird, die ein nur allzugetreues Spiegelbild eines gottlosen, verfluchten Jahrhunderts ist.«[44]

Schwermut

In dem anderen Brief vom Ende November 1913 heißt es:

»Ja, verehrter Freund, mein Leben ist in wenigen Tagen unsäglich zerbrochen worden und es bleibt nur mehr ein sprachloser Schmerz, dem selbst die Bitternis versagt ist. […] Vielleicht schreiben sie mir zwei Worte; ich weiß nicht mehr ein und aus. Es (ist) ein so namenloses Unglück, wenn einem die Welt entzweibricht. O mein Gott, welch ein Gericht ist über mich hereingebrochen. Sagen Sie mir, daß ich die Kraft haben muß, noch zu leben und das Wahre zu tun. Sagen Sie

Die Welt bricht entzwei

mir, daß ich nicht irre bin. Es ist steinernes Dunkel hereingebrochen. O mein Freund, wie klein und unglücklich bin ich geworden.«[45]

Trakls Dichtung ist ganz und gar aus dem Leid geboren. Sie trägt die Züge des Schmerzes, der Selbstanklage und des Bewusstseins, dass eine ganze Welt auseinandergebrochen sei, in sich. Trakl selbst spricht einmal von dem »infernalischen Chaos von Rhythmen und Bildern«[46], dem er sich ausgesetzt fühle und das seine Dichtung beherrsche. »Es bleibt nichts mehr übrig als ein Gefühl wilder Verzweiflung und des Grauens über dieses chaotische Dasein; lassen sie mich verstummen davor«[47], heißt es in einem anderen Brief an Ficker. Wo immer Trakl dann die heile, die ursprüngliche, noch ganze Welt beschwört, ist sie verlorenes Paradies, vergangen oder, kaum evoziert, vom Untergang gezeichnet, nur transzendenter Bereich, der den Tod voraussetzt.

Chaotisches Dasein

Als Beispiel für Trakls Haltung dem Leben gegenüber sei hier das Gedicht ***De Profundis*** vorgestellt:

Es ist ein Stoppelfeld, in das ein schwarzer Regen fällt.
Es ist ein brauner Baum, der einsam dasteht.
Es ist ein Zischelwind, der leere Hütten umkreist.
Wie traurig dieser Abend.

Am Weiler vorbei
Sammelt die sanfte Waise noch spärliche Ähren ein.
Ihre Augen weiden rund und goldig in der Dämmerung
Und ihr Schoß harrt des himmlischen Bräutigams.

Bei der Heimkehr
Fanden die Hirten den süßen Leib
Verwest im Dornenbusch.

Ein Schatten bin ich ferne finsteren Dörfern.
Gottes Schweigen
Trank ich aus dem Brunnen des Hains.

Auf meine Stirne tritt kaltes Metall
Spinnen suchen mein Herz.
Es ist ein Licht, das in meinem Mund erlöscht.

Nachts fand ich mich auf einer Heide,
Starrend von Unrat und Staub der Sterne.
Im Haselgebüsch
Klangen wieder kristallne Engel.[48]

Walther Killy, einer der besten Kenner des Trakl'schen Werkes, sagt über diese Zeilen Folgendes:

»Das Gedicht ist aus Not geschrieben. Es stellt Bilder vor, deren Beziehung zueinander negativ ist. Jedes steht ganz für sich, keine romantische Grenzenlosigkeit erlöst es aus der Vereinzelung. Es ist ein Baum, der steht einsam. Es ist ein Stoppelfeld. Es ist ein Zischelwind; der geht um die leere Hütte (ein Haus, in dem keiner wohnt, ist ohne Sinn). Nichts gehört zusammen, alles besteht im Auseinanderfallen: *Wie traurig dieser Abend.* Eine unschuldige, verlassene Gestalt war in dieser Landschaft, die sanfte Waise, ein süßes Wesen, welches Hoffnung hegte. Es konnte nicht bestehen und verweste. Der Mensch spricht, *dem die Welt entzweibricht.* Er ist nicht mehr er selbst, sondern nur noch ein Schatten. Er ist den Wohnungen der Menschen fern, und selbst diese Wohnungen sind verfinstert. Die Verlassenheit ist vollkommen, Gottes Schweigen ist Teil dieses Daseins geworden. Der Gott Trakls ist nicht nur deus absconditus, sondern incredibilis deus absconditus, ein doppelt verborgener, doppelt schweigender Gott. Aber dennoch weiß der Dichter von dem Dasein dieses ungeglaubten Verborgenen, so wie er vom Glanze der Dinge weiß, die verfallen. Zur Verlassenheit kommt Schlimmeres. *Auf meine Stirn tritt kaltes Metall.* Diese Chiffre deutet auf den Menschen, der sich verlor: *O des Menschen verweste Gestalt: gefügt aus kalten Metallen.* Es ist der gleiche Mensch, dessen *metallenes Herz* von *Gottes Geiern* zerfleischt wird. Er ist sich selbst zum Ekel, Spinnen suchen sein Herz. Er findet sich in der Nacht, ganz allein, *starrend von Unrat und Staub der Sterne*, und selbst die Stimmen der Engel sind nur noch scheinbar tröstlich, wenn auch an ihrem Namen der ganze Sturz des Menschen deutlich wird. Gar zu oft sind Trakls Engel gefallene Engel, sie weinen *die kristallnen Tränen verdammter Engel* angesichts dieses Menschen. Aber wir wissen es nicht; auch das Wort *kristallen* ist von vollkommener Ambivalenz.

Zu der negativen Theologie, der Grundlage der ganzen Traklschen Theologie, kommt ein negativer Logos überhaupt: nur Verfall und Nebeneinander sind mit Gewißheit auszusagen. Wenn von ›Wirklichkeit‹ die Rede ist, so geschieht das beim späteren Trakl vorwiegend in der Negation. Das *De Profundis* ist unzweifelhaft. Unzweifelhaft ist aber auch die von der Welt abgelöste Welt der Chiffren und Klänge, sie steht unter ihren eigenen Bedingungen, leiht sich das Leben von den alten Worten und spielt ein neues Spiel damit. Es klingt traurig, aber es ist schön. Es will nicht einmal mehr Chiffre für das Geheimnis sein, es chiffriert auch keine Nichtigkeit. Es will nur sich selber, es will sprechen können, wenn die Sprache sich entzieht, der Mensch in der Welt fremd ist, und die Dinge zerbrechen.«[49]

Die Sprache entzieht sich

Werke: *Gedichte.* 1913 – *Sebastian im Traum.* 1915.

4. Themen

Untergang und Aufbruch

In den folgenden Kapiteln seien einige thematische Schwerpunkte des Expressionismus vorgestellt: Jakob van Hoddis' Gedicht *Weltende* hatte – wie aufgewiesen (vgl. S. 46) – Signalwirkung. Karikierte van Hoddis in seinem Gedicht auch nur die hysterische Weltuntergangsstimmung des ihm zeitgenössischen, philisterhaften Kleinbürgertums, thematisierte er doch mit einem möglichen, bevorstehenden Weltende etwas, was dem Zeitgefühl vieler entsprach. Die junge Generation verstand sich am Ende eines erstarrten Zeitalters, das keinerlei humane Legitimation besaß. Ihre Dichtung war darum nicht selten visionäre Schau einer Apokalypse, welche über ihre Zeit, die dazu herangereift war, hereinbrechen sollte. Sie verkündeten in großen, das Groteske streifenden Bildern den Untergang einer Welt, die sie zur Monotonie und Wesenlosigkeit verurteilte und deren zivilisatorischer Fortschritt nur noch mehr in die Entfremdung führte.

Weltende

Dem Dichter wird damit die Rolle des Propheten, Mahners, Warners und Deuters von ›Zeitzeichen‹ zugeschrieben, der zum einen verdammt, was ihn umgibt, zum andern aber eine neue Welt nach dem Untergang der alten beschwört. Aus der Erfahrung, an einer Epochenschwelle zu stehen, ergibt sich die messianische Erwartung eines ›neuen Menschen‹ in einer ›neuen Zeit‹. Diese Beschwörung eines neuen Menschen gibt manchen expressionistischen Texten den hohen pathetischen und prophetischen

Dichter als Prophet

Verkündigungston vor dem Hintergrund eines unbestimmten Gemeinschaftsgefühls. Die geforderte Menschheitsversöhnung nach der Menschheitserlösung, sobald der ›alte Adam‹ abgestorben ist, basiert auf einer ethischen Einkehr und Umkehr, deren Voraussetzung aber der herbeigesehnte Weltuntergang als das ausstehende Weltgericht ist.

Verkündigungston

Krieg als Purgatorium und Metapher des Ausbruchs und Neuanfangs

Die Zeit des Expressionismus fällt mit entscheidenden Jahren in den Ersten Weltkrieg, und es ist bekannt, dass viele Expressionisten begeistert in den Krieg zogen, viele dort schon während der ersten Monate im Kampf fielen (so Stadler, Lotz, Lichtenstein, Stramm; Trakl beging nach der Schlacht von Grodek Selbstmord), manche aus dem Krieg als Pazifisten zurückkamen, einige danach an der Novemberrevolution aktiv teilnahmen. Aus dieser engen Verbindung der Expressionisten zum Ersten Weltkrieg und seinen Folgen darf man jedoch nicht ableiten, dass viele der Frühexpressionisten den kommenden Krieg visionär geschaut, ihn herbeigeredet oder vor ihm gewarnt hätten. Der Krieg ist für die Frühexpressionisten vor allem eine Metapher, die Veränderung bzw. Aufbruch zu Neuem meint. Die Annahme, in einer apokalyptischen Zeit zu stehen, verbindet sich für die Expressionisten häufig mit der Vorstellung und Hoffnung, dass ein kommender Krieg all dem ein Ende setzen würde, was zu einer maroden, in sich verfaulten Gesellschaft gehört. Sie sehnen einen Krieg herbei, der sie aus der Langeweile, der Belanglosigkeit, der Erstarrung der Gesellschaft und den nicht mehr zu überwindenden gesellschaftlichen Widersprüchen erlöst, indem er das Alte vernichtet, um so der herbeigewünschten, grundlegenden Erneuerung Platz zu machen. Aus dieser Geisteshaltung heraus ist es selbstverständlich, dass sich in der Literatur des Expressionismus, vor allem in der Lyrik, auffallend häufig die Metapher des Krieges findet, um mit ihr den Wunsch nach Bereinigung des Alten und Aufbau einer neuen Welt auszudrücken. Georg Heym, der selbst den Ausbruch des Ersten Weltkrieges nicht mehr miterlebte, bedient sich z. B. in seinem berühmt gewordenen Gedicht *Der Krieg* des Krieges als einer Metapher für ein herbeigesehntes Purgatorium, das über einer erstarrten Welt hereinbrechen möge.

Aufbruch zu Neuem

Die Stadt als Ort der Einsamkeit und Fremde

Es ist bekannt, dass die deutsche Großstadtlyrik, also jene Lyrik, die sich ausdrücklich des Themas Stadt annahm, in der Zeit des Expressionismus eine Blüte erlebte. Die Naturalisten hatten das Thema Stadt für die Lyrik entdeckt. An sie konnten sich die Expressionisten anschließen, aber trotz zahlloser scharf gesehener Details und einer ungeschminkten Wiedergabe der hässlichen Seiten der Großstadt lag den Expressionisten nicht an einer Kopie naturalistischer Großstadtlyrik. Ihnen kam es weder in der Lyrik noch in anderen literarischen Gattungen auf Milieuschilderung, einfache Widerspiegelung der Wirklich-

Großstadtlyrik

keit an, sie vermischten vielmehr Daten großstädtischer Realität mit schweifender Phantasie, visionärer Schau, Lust am Grotesken oder Extravaganten. Die Beschränkung von ›Stadt‹ auf Motive wie Proletariat, Armut, Wohnelend und Fabrikarbeit lehnten die Expressionisten ab und erfassten so bislang unbeachtete Dimensionen. Dazu gehört die Atmosphäre der Großstadt, die es zu entdecken und adäquat zu gestalten galt. Die Großstadt zerstört durch die Mannigfaltigkeit der Eindrücke, durch Hektik, Unübersichtlichkeit, Anonymität, Kälte und Gleichgültigkeit das Ich; sie tritt dem Einzelnen wie ein Fremdes gegenüber, entfremdet das Ich sich selbst, seiner Umwelt und seinem Nächsten und zerstört die Gemeinschaft. Das Gefühl eines in der Stadt haltlos gewordenen, einsamen Ichs vermitteln viele Gedichte, und sie übersetzen auch häufig die Empfindung der Entfremdung ins Bildhaft-Metaphorische, indem sie z.B. das Gefühl der Verlorenheit in der Stadt zum Visionär-Grotesken steigern.

Georg Simmel beschreibt die Wirkung der Stadt auf das Individuum bzw. die psychologische Grundlage großstädtischer Individualität in seinem Essay *Die Großstadt und das Geistesleben*, aus dem im Folgenden eine wichtige Passage zitiert sei:

»Die psychologische Grundlage, auf der der Typus großstädtischer Individualitäten sich erhebt, ist die *Steigerung des Nervenlebens*, die aus dem raschen und ununterbrochenen Wechsel äußerer und innerer Eindrücke hervorgeht. Der Mensch ist ein Unterschiedswesen, d.h., sein Bewußtsein wird durch den Unterschied des augenblicklichen Eindrucks gegen den vorhergehenden angeregt; beharrende Eindrücke, Geringfügigkeit ihrer Differenzen, gewohnte Regelmäßigkeit ihres Ablaufs und ihrer Gegensätze verbrauchen sozusagen weniger Bewußtsein, als die rasche Zusammendrängung wechselnder Bilder, der schroffe Abstand innerhalb dessen, was man mit einem Blick umfaßt, die Unerwartetheit sich aufdrängender Impressionen. Indem die Großstadt gerade diese psychologischen Bedingungen schafft – mit jedem Gang über die Straße, mit dem Tempo und den Mannigfaltigkeiten des wirtschaftlichen, beruflichen, gesellschaftlichen Lebens – stiftet sie schon in den sinnlichen Fundamenten des Seelenlebens, in dem Bewußtseinsquantum, das sie uns wegen unserer Organisation als Unterschiedswesen abfordert, einen tiefen Gegensatz gegen die Kleinstadt und das Landleben, mit dem langsameren, gewohnteren, gleichmäßiger fließenden Rhythmus ihres sinnlich-geistigen Lebensbildes.«[50]

Neue Wahrnehmungsformen

Der ununterbrochene Wechsel äußerer und innerer Eindrücke bzw. die rasche Zusammendrängung wechselnder Bilder als Formen der Großstadtwahrnehmung finden in der Lyrik ihr Formäquivalent in dem für die Lyrik typischen Reihungsstil, der ebenfalls Wahrgenommenes an Wahrgenommenes reiht. In der Prosa ist es vor allem die Collage, deren sich die Autoren bedienen, wenn sie ›Großstädtisches‹ im Wort bannen wollen (vgl. z. B. die Schilderung des hektischen Lebens in Alfred Döblins Roman *Berlin Alexanderplatz*). Wie in der Lyrik die Stadt thematisiert wird, sei hier anhand eines Gedichtes von Georg Heym gezeigt:

Der Gott der Stadt

Auf einem Häuserblocke sitzt er breit.
Die Winde lagern schwarz um seine Stirn.
Er schaut voll Wut, wo fern in Einsamkeit
Die letzten Häuser in das Land verirrn.

Vom Abend glänzt der rote Bauch dem Baal,
Die großen Städte knieen um ihn her.
Der Kirchenglocken ungeheure Zahl
Wogt auf zu ihm aus schwarzer Türme Meer.

Wie Korybanten-Tanz dröhnt die Musik
Der Millionen durch die Straßen laut.
Der Schlote Rauch, die Wolken der Fabrik
Ziehn auf zu ihm, wie Duft von Weihrauch blaut.

Das Wetter schwelt in seinen Augenbrauen.
Der dunkle Abend wird in Nacht betäubt.
Die Stürme flattern, die wie Geier schauen
Von seinem Haupthaar, das im Zorne sträubt.

Er streckt ins Dunkel seine Fleischerfaust.
Er schüttelt sie. Ein Meer von Feuer jagt
Durch eine Straße. Und der Glutqualm braust
Und frißt sie auf, bis spät der Morgen tagt.[51]

Eine Stadtlandschaft verwandelt sich Heym in die Vision eines breit auf einem Häuserblock sitzenden Gottes, zuerst in der Röte der Abenddämmerung (zweite Strophe), später dann in der Nacht (vierte Strophe) bei stürmischem Wetter, um dessen Stirn sich die Winde lagern. Wie der heidnische

Fruchtbarkeitsgott Baal sitzt er da, sein Bauch beglänzt von der untergehenden rötlichen Sonne. Um ihn her knien anbetend die Städte, wobei zu bemerken ist, dass Heym mit der zweiten Strophe das Bild ins Kolossalische steigert, spricht er doch in der ersten Strophe von einem Gott, auf einem Häuserblocke sitzend, in der zweiten sind es aber bereits die Städte, die vor ihm niederkauern. In den Strophen zwei und drei werden Einzelerscheinungen der Stadt, wie das Geläute der Kirchenglocken, die Türme, der Lärm und der Wirrwarr der Menschenmassen, der Rauch der Schlote und der den Fabriken entsteigende Qualm in ein taumelndes Opferfest zu Ehren des Gottes umgedeutet. Das Geläut christlicher Kirchen wogt zu dem heidnischen Gott auf, die Musik der Stadt klingt wie Musik orgiastischer Ritualtänze der Priester einer antiken Fruchtbarkeitsgöttin (Korybanten), der Rauch der Schornsteine wird zum Weihrauch, der zu dem Gotte emporsteigt. Eine Zuspitzung erfährt das Geschehen in den beiden letzten Strophen, wenn das Wetter in den Augenbrauen des Wettergottes, der Baal auch ist, schwelt. Das orgiastische Fest zu Ehren des Gottes verwandelt sich in ein fürchterliches Strafgericht. Ein am Himmel plötzlich aufziehendes Gewitter wird in den Zorn des Gottes umgedeutet, der dann seine Fleischerfaust ins Dunkle streckt, sie schüttelt und damit ein Meer von Feuer durch die Stadt jagt. Der Gott der Stadt ist demnach eine sich in Blitz und Donner offenbarende Naturgewalt, die vernichtet, was der Mensch als moderne Zivilisation geschaffen hat. Die Natur wird personifiziert in der Gestalt eines Gottes, die dem Menschen überlegen bleibt und sich rächt, weil sich dieser seiner eigenen Natur durch die Stadt entfremdet hat, indem er sich verdinglicht und vermasst und sich selbst in der Gestalt von Götzen anbetet.

Ich-Zerfall

Expressionistische Literatur reagiert seismographisch auf die mit der Moderne einhergehenden Verunsicherungen, den Substanzverlust und die Aushöhlung des Ich als Reaktion auf moderne Produktions-, Wahrnehmungs- und Denkformen. Die Leistung expressionistischer Lyrik und Prosa liegt vor allem darin, dass sie für diese Strukturkrise des modernen Ich, die Erfahrung einer Ich-Beschädigung und die daraus resultierenden modernen Erfahrungen der Wirklichkeit, neue sprachliche Formen findet. Die Sprach- und Formzertrümmerung, d. h. die ästhetische Revolte, ist demnach zum einen Zeichen für den Willen zum Ausbruch aus einem als repressiv empfundenen sozialen und ästhetischen Gefüge, zum andern aber auch adäquate Ausdrucksform dieses erlittenen Ich-Verlusts.

Zerstörung der ›Persönlichkeit‹

Was mit diesem Ich-Verlust gemeint ist, erläutert Benn in einem Kommentar zu Jef van Pameelen, einer seiner Figuren aus dem Drama *Der Vermessungsdirigent*. Es heißt dort:

»In Pameelen tritt die Frage nach der Wirklichkeit noch direkter auf, noch grausamer, noch bodenloser. Hier ist tatsächlich Zersetzung der Epoche. In diesem Hirn zerfällt etwas, was seit vierhundert Jahren als Ich galt und wahrhaft legitim für diesen Zeitraum den menschlichen Kosmos in vererbbaren Formen durch die Geschlechter trug. Nun ist dies Erbe zu Ende. Pameelen hofft anfangs durchaus, sich noch Welt in diese morschen Formen holen, Einzeldinge bis zur Weiterführung und Bearbeitung zu: Erfahrung, innerem Aufbau, gemütvollem Erleben: eben ›Persönlichkeit‹ im alten Sinne, ›Innerlichkeit‹ fassen zu können. Er überprüft dazu das Unwahrscheinlichste, mißt alles ab, daher Vermessungsdirigent, aber es zerrinnt. Er bekämpft den Zerfall, er will Positives, er will ›Ansammlung‹, aber nur sporadisch und künstlich gerufen tritt sie auf. Die Linie, die so großartig im cogito ergo sum als souveränes Leben, das seiner Existenz nur im Gedanken sicher war, begann, in dieser Figur geht sie schauerlich zu Ende. [...] Denn das Begriffliche, das Logische, das Homosapienshafte war es ja doch, das durch so viele Jahrhunderte von der Religion, vom philosophischen Idealismus, von der Aufklärung, vom Humanismus als das große Menschliche, Göttliche, Europäische in Tausenden von Dokumenten hochgetrieben und gepriesen war, und nun war also auch das Irrtum, Qual, Krampf, Röcheln, Delirium.«[52]

5. Gattungen und Stile

Expressionistische Lyrik

Wenn der Bruch mit der Tradition für den Expressionismus insgesamt kennzeichnend ist, so gilt dies auch für die Entwicklung der einzelnen literarischen Gattungen. Jede Gattung ist ein großes Experimentierfeld, auf dem neue literarische Formen ausprobiert werden. Dies gilt insbesondere in der ersten Phase des Expressionismus (1910–14) für den Bereich der Lyrik.

Der experimentelle Charakter der Lyrik macht es auch so schwer, epochentypische Merkmale der Lyrik anzugeben. Was macht – so kann man sich fragen – Benns *Kleine Aster*, Stramms *Krieg* und Trakls *Dämmerung* einander vergleichbar? Kurt Pinthus stand bei der Einrichtung seiner Sammlung expressionistischer Gedichte *Menschheitsdämmerung* vor derselben Frage. Wie sollte er ein so wenig homogenes Material zusammenfügen und arrangieren, wenn er alphabetische und chronologische Reihenfolge nicht als Ordnungsprinzip seiner Anthologie zugrunde legen wollte? Er entschied sich für einen Aufbau, den er mit einer Symphonie verglich. In der Einleitung formulierte er, so sich selbst Rechenschaft über den Aufbau und dem Leser erste Hinweise zur adäquaten Rezeption gebend:

»Dieses Buch will auf andere Weise zur Sammlung kommen: Man horche in die Dichtung unserer Zeit …, man horche quer durch, man blicke rund herum, … nicht vertikal, nicht nacheinander, sondern horizontal; man scheide nicht das Aufeinanderfolgende auseinander, sondern man höre zusammen, zugleich, simultan. Man höre den Zusammenklang dichtender Stimmen: man höre symphonisch. Es ertönt die Musik unserer Zeit, das dröhnende Unisono der Herzen und Gehirne.«[53]

Mit anderen Worten: Expressionistische Lyrik will simultan wahrgenommen werden. Aufgrund der Unverwechselbarkeit einiger Lyriker und der Mannigfaltigkeit der Stimmen ergibt erst das Zusammenklingen ein Bild expressionistischer Lyrik, ein Ganzes. Jede Konzentration auf eine einzelne Stimme verfälschte das Klangbild. So fährt auch Pinthus fort:

»Man möge also nicht nur auf die einzelnen Instrumente und Stimmen des lyrischen Orchesters lauschen: die aufschwebende Sehnsucht der Violinen, die herbstlich-klagende Melancholie der Celli, die purpurnen Posaunen der Erweckung, das ironische Staccato der Klarinetten, die Paukenschläge des Zusammensturzes, das zukunftslockende Marciale der Trompeten, das tiefe, dunkle Raunen der Oboen, den brausenden Sturzbach der Bässe, das rapide Triangelgeklingel und die bleckenden Beckenschläge genußgierigen Totentanzes. Sondern es kommt darauf an, aus den lärmenden Dissonanzen, den melodischen Harmonien, dem wuchtigen Schreiten der Akkorde, den gebrochensten Halb- und Vierteltönen – die Motive und Themen der wildesten wüstesten Zeit der Weltgeschichte herauszuhören. Diese bewegenden Motive [...] variieren sich je nach Wesen und Wollen der Dichter, rauschen empor zum zersprengenden Fortissimo oder schwinden hin im beglückenden Dolce.«[54]

Ganz vorsichtig versucht Pinthus dann, jenes Gemeinsame zu bestimmen, das die Dichter dieser Symphonie eint, er sieht es in der »Intensität und dem Radikalismus des Gefühls, der Gesinnung, des Ausdrucks, der Form; und diese Intensität, dieser Radikalismus zwingt die Dichter wiederum zum Kampf gegen die Menschheit der zu Ende gehenden Epoche und zur sehnsüchtigen Vorbereitung und Forderung neuer, besserer Menschheit.«[55]

Pinthus spricht von ›Intensität und Radikalismus in Form und Ausdruck‹ der Lyrik. Sucht man nun nach solchen Formen der Intensität und des Radikalismus, stößt man innerhalb der expressionistischen Lyrik auf einige ins Auge fallende Stileigentümlichkeiten, die – jedoch mit aller Vorsicht – als epochentypische Merkmale dieser Gattung genannt werden können. Sie seien im Folgenden aufgezählt. Als epochentypisches Merkmal expressionistischer Lyrik können gelten:

Formen der Intensität und des Radikalismus

1. **die Abweichung von traditionellen, streng geregelten lyrischen Formen,**
2. **die Bevorzugung des Reihungsstils,**
3. **die Abweichung von der Grammatik und geläufiger syntaktischer Ordnung,**
4. **die starke Rhetorisierung und Pathetisierung der Aussage,**
5. **die Dynamisierung der Sprache,**
6. **die Radikalisierung metaphorischen Sprechens bis hin zur Chiffrierung,** d. h. nur noch schwer zu enträtselnden Entzifferung der Aussage.

Lyrik ist nach einer alten Vorstellung gebundene Rede. Wenn ein Charakteristikum expressionistischer Lyrik ist, dass sie **lyrische Formen aufbreche oder gar zerbreche**, so kann dies dann nur bedeuten, dass sie sich von gegebenen Bindungen zu befreien versucht, weil sie sie als Fesseln der Konvention empfindet. So verzichtet beispielsweise ein Großteil expressionistischer Lyrik auf den

Zerbrochene Formen

Reim, ein streng geregeltes Metrum, komplizierte Reim- und Strophenschemata. Die Suche nach dem Gedicht in Hexametern oder Trimetern dürfte vergeblich sein, ebenfalls vereinbart es sich mit der Vorstellung von expressionistischer Lyrik nicht, dass Strophenformen wie die Stanze oder Gedichtformen wie die alkäische Ode verwandt werden. Man findet an der Stelle des Reims eher Reimlosigkeit, an der Stelle eines festgelegten, strengen metrischen Schemas eher unregelmäßige Rhythmen, statt eines sich wiederholenden Strophenschemas uneinheitliche Zeilenblöcke.

Als Gegenbeweis zu den hier getroffenen Beobachtungen könnte zwar auf eine Vielzahl expressionistischer Gedichte verwiesen werden, die Reim, Metrum oder feste Strophenform vorweisen, aber bei einer großen Anzahl dieser Gedichte fällt doch die bewusst lässige, wenig artifizielle Verwendung dieser Elemente der Lyrik auf: Auch der Hinweis auf die verblüffende Vielzahl von Sonetten unter den expressionistischen Gedichten widerlegt nicht die Richtigkeit der getroffenen Feststellung, kann doch zum einen dieses Phänomen dadurch erklärt werden, dass der ausgeprägte Hang der Expressionisten nach der Aufweichung strenger lyrischer Formen einen bändigenden, bewahrenden Gegenpol brauchte und dieser z. B. im Sonett als einer der strengsten Gedichtformen gefunden wurde. Zum andern zeigt aber eine Analyse expressionistischer Sonette, was Paul Zech über seinen eigenen Sonett-Band *Das schwarze Brevier* bemerkte:

»Man wird nun einwenden können, eine ganz moderne explosive Stoffmasse in die antike, ruhende Form eines Sonetts zu zwängen, ist ein Mangel an Gestaltungskraft. Das starre metrische Schema hemmt die grandiose Wucht des

Gegenwartsrhythmusses. [...] Nun muß ich sagen, daß diese vierzehnzeiligen Gedichte gar nichts, auch Garnichts mit einem Petrarca'schen Sonett gemein haben«[56], was heißen soll, dass auch Zech sich nicht sklavisch an die Sonettform hält, wo die ›explosive Stoffmasse‹ eine Aufweichung auch dieser Form fordert. Es wäre jedoch falsch anzunehmen, die von den Expressionisten gesuchte Aufweichung strenger lyrischer Form bedeute die Formlosigkeit ihrer Gedichte und mache somit etwa bei der Interpretation eine Analyse der Form ganz überflüssig. Richtig ist vielmehr, dass gerade durch die Ablehnung einer historisch bestimmten, durch die Tradition der Lyrik weitgehend vermittelten Form die expressionistischen Lyriker sich zu einer neuen Form durcharbeiten, die ihrerseits durchaus der neuen Aussageabsicht angemessen ist, sie unterstützt, ja geradezu mitbestimmt. Eine Analyse der Form, die diesem Zusammenspiel von neuer Aussageintention und neuer lyrischer Form nachgeht, hat also durchaus ihren Sinn.

Warum die Expressionisten von der traditionellen, teilweise hoch artifiziellen Form der Lyrik abweichen wollen, begründet Ernst Stadler in einem Gedicht, das zwar selbst formstreng gebaut ist, dennoch aber die Zersprengung formaler ›Riegel‹ einfordert:

Form ist Wollust

Form und Riegel mußten erst zerspringen,
Welt durch aufgeschlossne Röhren dringen:
Form ist Wollust, Friede, himmlisches Genügen,
Doch mich reißt es, Ackerschollen umzupflügen.
Form will mich verschnüren und verengen,
Doch ich will mein Sein in alle Weiten drängen –

Form ist klare Härte ohn' Erbarmen,
Doch mich treibt es zu den Dumpfen, zu den Armen,
Und in grenzenlosem Michverschenken
Will mich Leben mit Erfüllung tränken.[57]

Die Überschrift ist als These zu verstehen, die in den folgenden zehn Zeilen belegt werden soll. Sie bleibt zunächst dem Verständnis verschlossen. Was unter Form, was unter Wollust verstanden werden soll und inwiefern beide miteinander gleichgesetzt werden können, ist allenfalls erahnbar, zumal der Text selbst mit dem fünf- oder sechsfüßigen Trochäus, dem durchgehaltenen Paarreim und der klaren Gliederung (1./2. Zeile und 9./10. Zeile rahmen die anaphorisch, parallel geführten, jeweils aus zwei Zeilen bestehenden Komplexe 3–8 genau ein) ganz in der lyrisch strengen Formkonvention verbleibt. Erst durch das mehrfache Durchspielen von Gegensätzen gewinnen die Begriffe der Überschrift, ›Form‹ und ›Wollust‹ genauere Kontur. Form bedeutet danach Weltabgeschlossenheit, Selbstgenügsamkeit und Härte, und erst das Zersprengen dieser Form, das Wegschieben eines Riegels, ermöglicht und eröffnet den Zugang zur Welt, das Einswerden von Ich und Welt. Das lyrische Ich will aus der Enge, der Verschnürung, heraustreten, will sich verschenken, ganz den Armen und Dumpfen hingegeben. Nur in dieser Selbstöffnung, die ihm die Form verweigert, findet es Erfüllung bzw. die Vermittlung mit dem Leben. Stadler erteilt hier der artistischen Kunst, für ihn gleichzusetzen mit dem Ästhetizismus oder Symbolismus der George-Schule, eine klare Absage. Er reflektiert dabei auf seine eigenen lyrischen Anfänge (*Präludien* 1905), die noch ganz im Banne dieser Art von Lyrik standen, und zielt stattdessen auf eine Dichtung, die im Gestus des Erbarmens sich dem Leben öffnet und sich nicht wollüstig an sich selbst berauscht. Er wählt für diese neue Art von Dichtung das Bild des Pflügens von Ackerschollen, d. h., er sucht nach einer Dichtung, die den Boden zu bereiten vermag, dass aus ihm neues Leben erwachse. Dies gelingt nur, so wird man sagen müssen, wenn auch die lyrische Form gelockert und aufgeweicht wird.

Wenn sich expressionistische Lyrik häufig des Reims, eines festen Metrums, fester Strophen- und Gedichtformen entledigt, hat das zur Folge, dass sie sich auf ein einziges, jedoch *das* konstitutive Merkmal lyrischer Texte reduziert, die Zeile bzw. den Vers als bewusst vom Autor gesetzte kompositionelle Einheit. Gedichte werden – charakteristisch für die moderne Lyrik überhaupt – zu Zeilenkompositionen.

Zeilenstil

Clemens Heselhaus führt dazu aus:

»Die Zeile stellt die eigentliche rhythmische Einheit dar. Das Zeilenende ist immer durch eine Sinnpause markiert. Mehrere Zeilen schließen sich zu einer Sinneinheit zusammen. Aus der Komposition verschieden langer Zeilen setzt sich das ganze Gedicht zusammen. Man kann deshalb diese neuen reim- und strophenlosen Gedichte als Zeilengedichte oder Zeilenkompositionen bezeichnen. [...] An und für sich liegt beim Zeilengedicht die Gefahr nahe, dass die einzelnen Zeilen, die nicht mehr durch Metrum und Reim gebunden sind, auseinander fallen. Die Zusammenhanglosigkeit ist denn auch ein wichtiges Ergebnis der Zeilenkompositionen. Aber es kommt nun alles darauf an, diese Zusammenhangslosigkeit durch Verknüpfung in einer höheren Einheit des Sinns, des Bildes oder des Rhythmus wieder aufzuheben.«[58]

Zeilenkompositionen und die Bevorzugung der Parataxe, wie sie Karl Eibl als Charakteristikum expressionistischer Lyrik in den Vordergrund stellt, haben ihr Pendant in der veränderten Wirklichkeitsperzeption der Dichter. Franz Werfel bekennt:

»Wir sind alle hineingestellt in eine fürchterliche Unübersehbarkeit, der Reichtum der Einsichten und Organismen trug Verzweiflung und Wahnsinn in uns hinein, wir stehen machtlos der Einzelheit gegenüber, die keine Ordnung zur Einsicht macht, es scheint, das ›und‹ zwischen den Dingen ist rebellisch geworden, alles liegt unverbindbar auf dem Haufen, und eine neue entsetzliche Einsamkeit macht das Leben stumm.«[59]

Die so ähnlich schon 1902 in Hofmannsthals Chandos-Brief beschriebene dissoziative Bewusstseinslage, die für die damalige Wiener Kulturszene in Kunst, Wissenschaft und Philosophie (Mach, Vaihinger) charakteristisch war, hat sich folglich in den Jahren nach 1910 weiter verschärft. Expressionistische Lyrik versucht, diese Bewusstseinslage formal zu simulieren in dem Nebeneinander syntaktisch und semantisch tendenziell unkoordinierter und austauschbarer Wörter, Sätze und größerer Einheiten (Strophen). Im Reihungs- oder Simultanstil ist Alfred Lichtensteins Gedicht ***Die Dämmerung*** aus dem Jahre 1911 gehalten:

Ein dicker Junge spielt mit einem Teich.
Der Wind hat sich in einem Baum gefangen.
Der Himmel sieht verbummelt aus und bleich,
Als wäre ihm die Schminke ausgegangen.

Auf lange Krücken schief herabgebückt
Und schwatzend kriechen auf dem Feld zwei Lahme.
Ein blonder Dichter wird vielleicht verrückt.
Ein Pferdchen stolpert über eine Dame.

An einem Fenster klebt ein fetter Mann.
Ein Jüngling will ein weiches Weib besuchen.
Ein grauer Clown zieht sich die Stiefel an.
Ein Kinderwagen schreit und Hunde fluchen.[60]

Zusammenhangslosigkeit

Das Gedicht reiht eine Anzahl von Momentaufnahmen aneinander, die weder in einen räumlichen noch kausalen Zusammenhang gebracht werden. Einheitsstiftend ist allenfalls die Überschrift »Dämmerung«, die jenen Zeitpunkt angibt, zu dem die auf die zwölf Zeilen verteilten Ereignisse geschehen. Von diesen auf drei Strophen verteilten zwölf Versen bestehen allein acht aus je einem einzigen, vollständigen Satz. Die beiden übrigen Ereignisse (der geschminkte Himmel, die kriechenden Lahmen) sind genau über je zwei Verse verteilt, so eine gewisse Variation in die ansonsten monotone Satzreihung bringend. Auch die letzte Zeile variiert das den Text ansonsten bestimmende Schema, weil innerhalb einer Zeile gleich zwei Ereignisse genannt werden (»Ein Kinderwagen schreit und Hunde fluchen«).

Dissoziative Bewusstseinslage

Was bewirkt nun hier der Reihungsstil? Er erzeugt Heterogenität, weil die einzelnen Wirklichkeitswahrnehmungen nicht miteinander verknüpft und auch nicht durch die Perspektive eines lyrischen Ich, das von einem bestimmten Ort aus wahrnimmt, gebündelt werden. Die ›normale‹ Wirklichkeitswahrnehmung wird also durchbrochen. Solche Verfremdung zeigt sich auch an anderen Stellen des Gedichtes, die alle den Zweck verfolgen, den Reflex der Dinge unmittelbar wiederzugeben. Lichtenstein schreibt in einer eigenen Interpretation seines Gedichts:

»Absicht ist weiterhin, die Reflexe der Dinge unmittelbar – ohne überflüssige Reflexionen aufzunehmen. Lichtenstein weiß, daß der Mann nicht am Fenster klebt, sondern hinter ihm steht. Daß nicht der Kinderwagen schreit, sondern das Kind in dem Kinderwagen. Da er nur den Kinderwagen sieht, schreibt er: Der Kinderwagen schreit. Lyrisch unwahr wäre, wenn er schriebe: Ein Mann steht hinter einem Fenster. Zufällig auch begrifflich nicht unwahr ist: Ein Junge spielt mit einem Teich. Ein Pferd stolpert über eine Dame. Hunde fluchen. Zwar muß man sonderbar lachen, wenn man sehen lernt: Daß ein Junge einen Teich tatsächlich als Spielzeug benutzt. Wie Pferde die hilflose Bewegung des Stolperns haben. [...] Wie menschlich Hunde der Wut Ausdruck geben.«[61]

Worum es also Lichtenstein geht, ist das neue Sehen, eine neue Art der Wahrnehmung, die als eine andere Möglichkeit neben die ›normale‹ Form der Realitätserfassung und ihre sprachliche Darstellung tritt. Dadurch, dass eine andere Möglichkeit aufscheint, verliert das Normale an Normalität. Mensch, Natur und Dinge werden systematisch verfremdet, sei es durch eine ungewohnte Wortwahl, durch einen komischen Vergleich (3./4. Zeile), sei es durch die Sprache der Vermutung (7. Zeile) und die durch den Zeilenstil verursachte Zusammenfügung des Zufälligen. Aus all dem resultiert ein für die expressionistische Lyrik typisches Gefühl einer instabil gewordenen Wirklichkeit, hier vornehmlich erzeugt durch den Reihungsstil.

Der Verzicht auf traditionelle lyrische Bauelemente und

die Konzentration auf die Zeile zeigen deutlich, dass auf diese Weise neue Ausdruckswerte geschaffen werden. Ähnlich verhält es sich auch mit den von einigen Expressionisten erprobten **Abweichungen von Grammatik und Syntax.** Das extremste, aber auch ergiebigste Beispiel für diese Tendenz expressionistischer Lyrik findet sich im Werk August Stramms, der Wörter und grammatische Formen verändert und dadurch Bewegungen, Bezüge und Modalitäten in die Sprache bringt, die man im Deutschen als unmöglich bezeichnen müsste, die aber doch einen Reichtum an Assoziationsmöglichkeiten freisetzen, der vom Aussagesystem der Grammatik nur verdeckt wird. Ein Beispiel sei daraufhin analysiert:

August Stramm: *Freudenhaus*

Lichte dirnen aus den Fenstern
Die Seuche
Spreitet an der Tür
Und bietet Weiberstöhnen aus!
Frauenseelen schämen grelle Lache!
Mutterschöße gähnen Kindestod!
Ungeborenes
Geistet
Dünstelnd
Durch die Räume!
Scheu
Im Winkel
Schamzerpört
Verkriecht sich
Das Geschlecht![62]

Hier werden grammatische Formen zerstört, die herkömmliche Syntax wird weitgehend aufgelöst. Stramm verzichtet auf eine den Text klar gliedernde Interpunktion. Nur das Ausrufezeichen dient an manchen Stellen zur Intensivierung der Aussage. Durch das Fehlen der Satzzeichen entsteht die Möglichkeit, Wortgruppen mehrfach zu beziehen. So lassen sich die ersten beiden Zeilen als ein Satz lesen, wobei dann »die Seuche« Akkusativobjekt des Verbs ›dirnen‹ sein könnte. Andererseits lässt sich »die Seuche« auch der dritten Zeile zufügen, die dann die Subjektposition des Satzes (»Die Seuche / Spreitet an der Tür«) einnähme. Solche sprachlichen Mehrdeutigkeiten kommen u.a. auch durch Stramms Verzicht auf die traditionellen Deklinations- und Flexionsformen zustande, durch die von den Regeln häufig abweichende Handhabung der Groß- und Kleinschreibung und schließlich durch die Neuprägung von Worten. Dazu schmilzt Stramm z.B. zwei Wörter zusammen, ändert die Wortart oder bedient sich ähnlicher radikaler Verfahrensweisen. So wird z.B. das Hauptwort ›Dirne‹ zum flektierten Zeitwort, die beiden Wörter ›spreizen‹ und ›schreiten‹ werden zusammengefügt zu ›spreiten‹, das reflexive ›sich schämen‹ erhält Ausdruckskraft durch die Konzentration auf ›schämen‹ (Frauenseelen schämen [sich] grelle[r] Lache). Ausdrucksmächtiger ist auch der sprachliche Neologismus ›geistet‹ statt ›geistern‹, so die Bedeutung von ›Geist‹ und ›geistern‹ auf engstem Raum zusammenfügend. Wie bewusst Stramm seine Texte baut, kann man einer brieflichen Äußerung ablesen, in der er Stellung zu einem Druckfehler nimmt, der sich bei der Drucklegung des Gedichtes *Freudenhaus* eingeschlichen hatte:

»Anbei schicke ich dir«, so schreibt er an seinen Freund

Herwarth Walden, den Organisator des »Sturm«-Kreises, »die Korrektur. Es sind einige Kleinigkeiten drin. Besonders erwähnenswert erscheint mir die vorletzte Zeile, in der das Wort ›schamzerpört‹ zu ›schamzerstört‹ geworden ist. [...] Ich weiß nicht, ob da nur ein Lesefehler oder eine Regung des Sprachgefühls des Druckers vorliegt. Jedenfalls sagt mir ›schamzerpört‹ mehr als das andere. Scham und Empörung ringen miteinander und die Scham zerdrückt. Auch ›scham-empört‹ sagt das lange nicht; außerdem liegt das Wesen des Wortes ›empören‹ meinem Gefühl nach nicht in dem ›EM‹, das höchstens für die Wortlehre als Erklärung Bedeutung hat, für das Gefühl liegt der Begriff des Empörens aber lediglich in dem ›pören‹ oder vielmehr einfach vollständig in der einen Lautverbindung ›pö‹. [...] Deshalb halte ich ›schamzerpört‹ hier für das einzig alles sagende Wort.«[63]

Sprachkonzentrate

Nimmt man noch sprachliche Verfahrensweisen wie die Schaffung neuer Komposita, die Eliminierung der Präfixe und Artikel, die Umformung von Präsenspartizipien in attributive Adjektive, z. B. »der keuche Tod« (*Sturmangriff*) hinzu, so laufen all diese sprachlichen Operationen darauf hinaus, das Bedeutungsvolumen der Wörter zu vergrößern, mit neuen Bedeutungen anzufüllen. Insgesamt gilt für Stramms Gedichte das Gesetz, dass hier durch ein Minimum an sprachlichem Aufwand ein Maximum an Bedeutung erzeugt wird.

Messianischer Expressionismus

Dieser Minimierung steht – die expressionistische Lyrik bewegt sich in solchen Extremen – die gerade für den sogenannten messianischen Expressionismus charakteristische Maximierung der Wirkung durch **Rhetorisie-**

Rhetorisierung und Pathetisierung

rung und Pathetisierung gegenüber. Vor dem Hintergrund des Krieges wird das Verlangen einiger Expressionisten immer größer, für eine innere Erneuerung des Menschen und eine radikale Verbesserung der Welt zu kämpfen. Es gilt, diesen neuen Menschen zu verkünden. Als Verkünder und Propheten verstehen sich die Dichter, allen voran Autoren wie Rubiner, Becher, Wolfenstein, Hasenclever oder Otten. In einer überschwänglichen, rhetorisch übersteigerten Sprache beschwören sie das eigentliche Wesen des Menschen und der Welt und stellen es der verhassten substanz- und wesenlos gewordenen Wirklichkeit entgegen. Dabei verdeckt die rhetorische und pathetische Form die mangelnde Konkretion der Vorstellung, wie denn nun eine wesentliche Erneuerung in die Wege zu leiten wäre und welche Form sie anzunehmen hätte. Ausdrücke wie ›Mensch‹, ›Bruder‹, ›Liebe‹, ›Menschheit‹, ›Freundschaft‹ und ›Kameradschaft‹ sind die Kernwörter solcher Lyrik und lassen sich leicht als zumeist gut gemeinte, aber dennoch leere Formeln erkennen. Diese ›O-Mensch-Dichtung‹, die zu innerer Wandlung und Einkehr aufruft, vollzieht sich nach dem Muster religiöser Erweckungs- und Bekehrungserlebnisse, ihre Sprache ist darum voll mit religiösen Formeln, Bildern und Symbolen. (Im expressionistischen Drama entspricht dieser Form der Lyrik das sogenannte Verkündigungsdrama.)

Expressionismus-Debatte

Es ist diese messianische Intention, die lange Zeit das Bild des Expressionismus bestimmte und z. B. Georg Lukács zu seiner scharfen Kritik seiner Ideologie und Sprache veranlasste, eine Kritik, die, vorgetragen in der Abhandlung *Grö-*

ße und Verfall des Expressionismus, den Expressionismus-Streit auslöste.

Lukács schreibt:

»Die Nichtigkeit der Inhalte wird […] in eine fanfarenhafte Pathetik der Sprachbehandlung gekleidet. Konnte noch der frühe Expressionismus vor dem Krieg oder sein epigonenhaftes Vegetieren nach dem Abebben der ersten Revolutionsflut mit zersetzender Selbstironie diesen Zwiespalt offen zeigen und damit – scheinbar – gestalterisch überwinden, so war dies gerade für die Blütezeit des Expressionismus ausgeschlossen. Die Dichter waren durch ihre Stellung zu Krieg und Revolution gezwungen, pathetisch, selbstsicher, manifesthaft, als ›Führer‹ aufzutreten und die leere Subjektivität ihrer inhaltlos-irrationalen ›Begriffe‹ als Verkündigungen, als Aufrufe und Wegweiser von sich zu geben. Die von der Gegenständlichkeit der objektiven Wirklichkeit sich loslösende Sprache erstarrt damit in eine blecherne Monumentalität, die fehlende Durchschlagskraft an Inhaltlichkeit muß durch hysterische Übersteigerung der nebeneinandergeworfenen, innerlich zusammenhanglosen Bilder und Gleichnisse ersetzt und verdeckt werden. […] Die abstrahierende Verarmung an Inhaltlichkeit zeigt nicht bloß die Entwicklungsrichtung und damit das Schicksal des Expressionismus an, sie ist von Anfang an ihr zentrales, unüberwindliches Stilproblem, denn die außerordentliche Dürftigkeit des Inhalts, der auf diese Weise zustande kommt, steht in schreiendem Gegensatz zu der Prätention seines Vortrages, zu dem überspannten und übersteigerten subjektiven Pathos seiner Darstellung.«[64]

Noch weitere Eigentümlichkeiten expressionistischen Stils in der Lyrik lassen sich mit aller Vorsicht benennen.

Sie sind weitgehend zu verstehen als Reaktion auf eine von den Autoren erfahrene Sprachnot, die es zu überwinden galt, um neue Inhalte in die Lyrik aufzunehmen. In der Lyrik ist eine Tendenz zur **Dynamisierung des Sprechens** anzutreffen, durch die sich die innere Bewegtheit in äußere Dynamik umsetzt. Als Beispiel sei hier Ernst Stadlers Gedicht ***Fluss im Abend*** angeführt, das ganz aus der von den Verben und deren Präfixen erzeugten Bewegung lebt:

Dynamisierung des Sprechens

Der Abend läuft den lauen Fluß hinunter,
Gewittersonne übersprengt die Ufersenkung bunter.
Es hat geregnet. Alle Blätter dampfen Feuchte.
Die Weidenwildnis streckt mit hellen Tümpeln sich ins
witternde Geleuchte.
Weiße Nebel sich ins Abendglänzen schwingen.
Unterm seichten Fließen dumpf und schrill die mitgezog-
nen Kiesel klingen.
Die Pappeln stehn im Licht, traumgroße Kerzen dick mit
gelbem Honigseim beträuft –
Mir ist, als ob mein tiefstes Glück durch grüne Ufer in den
brennenden Gewitterabend läuft.[65]

Die Dominanz des Verbs ist hier ganz deutlich: läuft hinunter, übersprengt, hat geregnet, dampfen (hier transitiv gebraucht), streckt sich, sich schwingen, klingen, stehn, läuft. Dazu treten noch eine Reihe von Verbalnomina: das Geleuchte, das Abendglänzen, das Fließen und attributive Partizipialadjektive wie witternd, mitgezogen, brennend. Damit gewinnt das Gedicht eine Form höchster Bewegtheit, durch die eine an sich ruhende Landschaft dynamisiert wird. Gleich der Anfang zeigt diese Tendenz, wenn Stadler beginnt: »Der Abend läuft den lauen Fluß hinunter.« Die normale Aussage, dass ein Fluss durch eine Abendlandschaft laufe, wird umgekehrt, in einen zeitlichen Vorgang verwandelt. Dem entspricht am Ende des Gedichtes die Feststellung, dass das eigene tiefste Glück durch grüne Ufer in den Gewitterabend laufe. Inneres Erlebnis und äußerer Vorgang werden miteinander identifiziert, und in diesem Einswerden, der Verschmelzung von Innen und Außen bzw. der harmonischen Bewegung zwischen innerer und äußerer Bewegung, liegt das tiefste Glück.

Damit sind wesentliche Züge des lyrischen Sprechens in expressionistischer Lyrik, in der expressionistischen Sprachgestaltung überhaupt, erfasst. Der Expressionismus lebt aber aus den Extremen, und so sei auf eine ganz anders geartete stilistische Tendenz noch aufmerksam gemacht, die wiederum als Zurücknahme jenes Pathos und des auf plakative Verständlichkeit hin ausgerichteten Sprechens eines messianischen Verkündigungsexpressionismus zu verstehen ist. Die rhetorisierte Lyrik zielt auf einhämmernde Wirkung, Trakls Sprechen – das hier als Gegenbeispiel aufgeführt sei – ist in seinem hermetischen Charakter fast monologisch, an der Grenze des Schweigens angesiedelt. Seine Sprache verschließt sich der eindeutigen Bedeutung, wird mehrdeutig und ähnelt darum eher einer ›Privatsprache‹. Ein wesentliches Element seines lyrischen Sprechens ist die **Chiffre**. Dabei radikalisiert Trakl die für die expressionistische Lyrik charakteristische Art metaphorischen Sprechens.

Lyrik und Metapher sind schon immer eine enge Verbindung eingegangen, für die expressionistische Lyrik gilt dies in besonderer Weise. Ein wesentliches Stilmerkmal ist ihre Bildhaftigkeit. Durch die Metapher errangen die Ex-

Subjektivierung der Metapher

pressionisten in hohem Maße die ersehnte neue Freiheit des künstlerischen Ausdrucks. Die Metapher gilt nicht mehr als bloßes Schmuckmittel, sondern sie wird zu einer notwendigen, ganz durch das subjektive Erleben und die schöpferische Phantasie bestimmte Form der dichterischen Aussage. Der wichtigste Unterschied zum traditionellen Metapherngebrauch ist, dass die expressionistische Metapher nicht mehr dingbezogen, sondern ichbezogen ist, d. h., das Bild gewinnt in den meisten Fällen einen Eigenwert, der sich von der Außenwelt ablöst und nicht mehr bloß der Veranschaulichung einer objektiven Wirklichkeit dient. Die Zuordnung zwischen Bild und Sache ist nicht mehr durch eine objektive Ähnlichkeit zwischen Bild und Sache bedingt, sondern durch die Gefühlsbeziehung des Dichters zum Gegenstand. Visionäres und visuelles Erleben durchdringen sich, und es wird »die reale Anschauungssphäre in einen inneren Erlebnisraum verwandelt«[66]. So kann der Abstand zwischen Bild und Sache sehr groß sein. Da die logischen Beziehungen zwischen Sache und Vergleichsgegenstand unwesentlich geworden sind, erhält das Tertium comparationis selbständigen Wert und wird zum wichtigsten Glied in der Metapher. Durch die Metapher kann dynamisiert, beseelt, personifiziert, dämonisiert, pejorisiert oder etwas zynisch abgetan werden.

Die Subjektivierung der Metapher, ihre Bindung an das subjektive Erlebnis bringt jedoch häufig die Schwierigkeit mit sich, die Metapher zu verstehen, da sie eigentlich fordert, dass das durch die Metapher hervorgerufene individuelle Erlebnis nachvollzogen wird, da sich Sache und Vergleichsgegenstand nicht mehr auf eine objektive

Ähnlichkeit gründen. So kann es geschehen, **dass sich die Metapher bis hin zur Chiffre steigert.**

Chiffre

Die Chiffre ist dabei das Zeichen für eine vom Autor zutiefst empfundene Sprachnot, die ihn von alltagssprachlichen Formulierungen, die ihm abgenutzt und abgegriffen zu sein scheinen, zugunsten einer Verrätselung des zu Sagenden abweichen lässt, das sich bewusst einem schlichten Verständnis verschließen soll. Der Dichter verfremdet Sprache und sprachliche Bilder, reißt sie aus dem gewohnten Zusammenhang, lässt sie in ungewohnten Kontexten und Kombinationen erscheinen, um so das ganz Andere seines Erlebens oder seiner Wirklichkeitswahrnehmung vernehmbar zu machen.

Häufig bildet gleich ein ganzes Gedicht ein Geflecht solcher Chiffren, die untereinander in einem Assoziationszusammenhang stehen, gegenseitig aufeinander verweisen oder über den einzelnen Gedichttext hinaus sogar auf ein ganzes lyrisches Œuvre Bezug nehmen, sodass sie sich – wie z. B. bei Trakl – erst in diesem größeren Zusammenhang erhellen.

In den vorausgegangenen Abschnitten sind literatursprachliche Verfahrensweisen benannt worden, die zum einen charakteristisch sind für die expressionistische Lyrik und zum anderen deren Wegbereiterfunktion für die moderne deutschsprachige Lyrik des 20. Jahrhunderts mitbegründet haben. Die Bevorzugung des Reihungs- und Zeilenstils, die Abweichungen von traditionellen lyrischen Formen wie von der geläufigen grammatikalischen ›Richtigkeit‹, die Rhetorisierung und Pathetisierung wie die Dynamisierung der Sprache und schließlich auch die verstärkte Metaphorisierung bis hin zur dunklen Chiffrierung der lyrischen Sprache haben dabei, wie sich gezeigt hat, identische Ursachen. Sie entstanden aus der Sprachnot der Autoren, nachdem sich traditionelle Muster lyrischen Sprechens als untauglich erwiesen hatten, und sie entstanden aus dem Problem, neue Wahrnehmungen und neue Themenbereiche der Lyrik zu erschließen sowie neue Ausdrucks- und Wirkungsabsichten zu ermöglichen, für die erst eine ›neue Sprache‹ gefunden werden musste. Die expressionistischen Lyriker experimentieren also mit lyrischen Formen und lyrischer Sprache, und es ist Bertolt Brecht, der dies erkannt hat, wenn er mit einer eigenen Stellungnahme in den Expressionismusstreit eintrat. Er versuchte, den Expressionismus vor dem Vorwurf des puren Formalismus und dem Mangel an Realismus in Schutz zu nehmen, indem er sagte:

»Da ist ein Wirrwarr in der Debatte, den Formalismus betreffend. Der eine sagt: Ihr ändert nur die Form, nicht den Inhalt. Die anderen haben das Gefühl: Du gibst den Inhalt erst recht der Form preis: nämlich der konventionellen. Vielen leuchtet nämlich eines noch nicht ein: Gegenüber den immer neuen Anforderungen der sich immer ändernden sozialen Umwelt die alten konventionellen Formen festhalten ist auch Formalismus. Können wir wirklich gegen das Experiment Stellung nehmen, wir, die Umstürzler? [...] Wir werden [...] nicht so sehr darauf aus sein, die Zahl und Art dieser Methoden [vermittels getreuer Abbildungen der Wirklichkeit die Wirklichkeit zu beeinflussen] einzuschränken, als viel mehr darauf, sie zu erweitern. Wir werden so die Erfindung ermuntern, statt sie zu entmutigen. Wir werden auf die Wahrheit einen Preis setzen und jede Ellenbogenfreiheit gewähren, dazu zu gelangen.«[67]

Expressionistisches Drama

Das expressionistische Drama ist – wie später dann auch das ›epische Theater‹, das absurde Drama oder in den sechziger Jahren des zwanzigsten Jahrhunderts das dokumentarische Theater – ein Drama »ohne gewohnte Psychologie«[68]. In seinem Antipsychologismus verzichtet es auf die psychologische Bündigkeit in der Anlage der einzelnen Charaktere und im Gegensatz zum naturalistischen Drama legt das Drama des Expressionismus keinen Wert mehr auf eine durch die Milieutheorie oder die Psychoanalyse gestützte ›Erklärung‹ der einzelnen Figuren. Wenn die Psychologie verworfen wird, so deshalb, weil die Individualität selbst nicht mehr als ungebrochene Einheit erfahren wird, das Ich – wie in der Lyrik – ein ›zerbrochenes Ich‹ ist. »Das neuzeitliche Selbstgefühl des dynamischen, in die Welt ausgreifenden Individuums, im 19. Jahrhundert durch die industrielle Revolution und den wirtschaftlichen Liberalismus scheinbar glänzend bestätigt, ist gebrochen. In einer technisierten Welt sieht sich der Mensch zunehmend verdinglicht. Das Ich wird nicht mehr als geschlossene, die Einheit des Charakters verbürgende Instanz empfunden. [...] Die Gespaltenheit des Ich und die Brüche in der Individualität werden als Entpersönlichung und deshalb als Verhängnis verstanden. Ursache und Symptom der Entpersönlichung fallen zusammen in der Anonymität des Menschen, der dramatischen Figuren.«[69]

Antipsychologismus

Die Figuren selbst repräsentieren nicht Personen, sondern »inkarnieren einander widerstreitende Elementarmächte, den Kampf zwischen Mutter- und Vatertum bei Barlach, den Urkampf der Geschlechter in Kokoschkas frühen Einaktern *Mörder, Hoffnung der Frauen* und *Der brennende Dornbusch*. Die Figuren heißen dann lediglich: ›Mutter‹, ›Sohn‹, ›Mann‹, ›Frau‹, ›Anima‹ oder schlechthin ›Mensch‹, und mit solchen lapidaren Bezeichnungen geben die [expressionistischen] Dramatiker neben ihrem eigenen großen Vorbild, Strindberg, den Ton an für die dramatischen Personenlisten des folgenden Jahrzehnts; schon in Sorges *Bettler* (1912) wechselt die Hauptfigur gar von Szene zu Szene ihre Bezeichnung: Der Dichter, Der Sohn, Der Bruder, Der Jüngling – sie geht ganz in der Funktion, die sie dem jeweiligen Partner gegenüber zu verkörpern hat, auf.«[70] Diese ›Personen‹ sind nicht mehr mit differenzierenden Eigenschaften ausgestattet oder als Charaktere angelegt: Selbst gesichtslos, gewährleisten sie am ehesten das reine Durchtönen (per-sonare) der in ihnen konkretisierten Ideen. Sie sind nicht mehr Individuum, sondern reiner Ideenträger.

Dem zerbrochenen Ich korrespondieren die zerbrechende Welt, die Schreckensvisionen im expressionistischen Drama. Die Erfahrung des Ersten Weltkriegs hat sich hier in die Dramatik eingeschrieben. Dem stellt sich das expressionistische Drama entgegen, indem es die von Krieg und Technik erlöste Menschheit verkündet. Als Lösungsversuche werden Sozialutopien vorgeschlagen, der ›neue Mensch‹ wird vorgestellt. Diese ›Erlösungen‹ gründen in dem Glauben an einen die Vereinzelung aufhebenden und doch gesellschaftslosen Zustand, in der Illusion, *den* Menschen in seinem reinen Wesen gewinnen und zugleich ein zur Wesensbestimmung unerlässliches Element ausschließen zu können. Eine der Grunderfahrungen menschlichen Daseins wird also weitgehend aus dem Bewusstsein verdrängt: die Spannung und unauflösliche Verschränktheit von Einzelexistenz und sozialem Dasein des Menschen. So verkörpert der ›neue Mensch‹ nicht die Idee des Menschen, so stellt sich in ihm kein Urbild wieder her, vielmehr ist er ein Entwurf, der sich nur in größtmöglicher Entfernung zu den beiden Polen Individuum und Gesellschaft hält. Und die ekstatisch herbeigerufene Menschheits-Gemeinschaft soll nicht etwa den Ausgleich der Anziehungskräfte beider Pole schaffen, sondern den Menschen gerade aus allen Spannungen menschlichen Daseins erlösen. Insofern hat die expressionistische Verkündigung eschatologischen Charakter. Und dies hätte als quasi-religiöse Heilsverkündigung zu gelten, wäre nicht andrerseits ihr erklärtes Ziel die Neugeburt des Menschen im Hier und Jetzt.[71]

Kennzeichnend für das Drama des Expressionismus ist also – so kann man den programmatischen Äußerungen der Dramenautoren entnehmen –, dass sie leidenschaftlich dagegen aufbegehren, den Menschen durch Geschichte, Milieu, sozialen Rang, durch Psychologie oder Moralkonvention bedingt zu sehen. An deren Stelle wollen sie – anders z. B. als der Naturalismus – »das Schauspiel der künftigen Befreiung [*des Menschen*] zu unbedingter Geistigkeit vorwegnehmend in Szene setzen«[72].

Suchen wir nach Stileigentümlichkeiten des expressionistischen Dramas, so können wir auf die für die Lyrik schon namhaft gemachten Merkmale zurückgreifen und die entsprechenden Äquivalente im Drama finden.

Stationendrama

Wie die Lyrik versucht auch das expressionistische Drama mit der gängigen Tradition weitgehend zu brechen bzw. an andere Traditionen anzuknüpfen. Für das Drama heißt das vor allem, dass die

Psychologisierung aufgegeben wird und an ihre Stelle eine Typisierung der Figuren tritt. An die Stelle des Vorbildcharakters, den das Drama Ibsens noch für den Naturalismus hatte, tritt nun die Dramatik Strindbergs mit dem Stationendrama als neues Paradigma. Strindbergs Stationendrama bot eine Möglichkeit an, die Grenzen zwischen Wirklichkeit und Traumbildern verwischen zu lassen. Im Vorwort zum *Traumspiel* hatte Strindberg geschrieben: »Im Anschluß an sein frühes Traumspiel *Nach Damaskus* hat der Verfasser in diesem Traumspiel versucht, die unzusammenhängende, doch scheinbar logische Form des Traums nachzubilden. Alles kann geschehen, alles ist möglich und wahrscheinlich. Zeit und Raum existieren nicht. […] Die Personen spalten sich, verdoppeln sich, vertreten einander, gehen in Luft auf, verdichten sich, zerfließen, fügen sich wieder zusammen. Aber ein Bewußtsein steht über allem, das des Träumenden.«[73]

Im Zentrum des Dramas – nach dem Modell Strindberg – steht nicht mehr der dramatische Konflikt, und damit Protagonist und Antagonist, an deren Stelle ist das einzelne Ich getreten. Im Stationendrama ist der Held, dessen Entwicklung es schildert, von den Gestalten, die er an den Stationen seines Weges antrifft, aufs Deutlichste abgehoben. Sie erscheinen, indem sie nur in seinem Zusammentreffen mit ihnen auftreten, in seiner Perspektive und so auf ihn bezogen. Und da den Inhalt des Stationendramas nicht eine Vielzahl einander weitgehend gleichgestellter Personen, sondern das eine zentrale Ich bildet, sein Raum also kein dialogischer ist, verliert auch der Monolog hier den Ausnahmecharakter, sondern das gesamte Drama wird vielgestaltiger Monolog. Die Einheit der Handlung wird durch die Einheit des Ich ersetzt, was jedoch nicht dahingehend missverstanden werden darf, als sei dieses Ich mit sich identisch und ohne jede Widersprüchlichkeit. Die einzelnen Szenen stehen nicht mehr vornehmlich in einem kausalen Bezug zueinander, bringen nicht unbedingt mehr einander hervor, sondern sie sind isolierte Steine, aufgereiht am Faden des fortschreitenden Ich[74]. Das expressionistische Drama ist ein Spiel über *den Menschen.*

So entspricht dem Reihungs- bzw. Zeilenstil in der Lyrik das Stationendrama in der Dramenform, wobei sich überdies noch Stationendrama und Erlösungsthematik besonders gut vertragen: denn »zum Wandlungs- und Erlösungsakt, den das expressionistische Drama regelhaft zur Erscheinung bringen will, führt der Leidensweg des Helden, die Passion, auf deren Stationen er mit der alten, unreinen Welt kollidiert und zugleich seinen Erlösungswillen härtet. Gleichviel ob der Held bereits ein Erleuchteter ist oder ob er erst durch die Passion zu seinem Heil findet, ist es sein Weg zum Opferwerk, der das Leitprinzip der Szenenaufreihung abgibt. Die Stationenreihe bietet Gelegenheit, Gegenmächte beliebiger Zahl und beliebigen Charakters auf den Plan zu rufen, um seine Suche nach Erkenntnis zu panischer Heftigkeit zu steigern oder sein Erdulden auf die äußersten Proben zu stellen. Schnittpunkt all dieser Kollisionen bleibt das Ich des Helden.«[75]

Suggestivkraft übersteigerter Sprache

Der Rhetorisierung der Lyrik entspricht im Drama jene Suggestivkraft, auf die das Drama in seiner Sprachgebung hin konstruiert ist: Die Suggestivkraft der übersteigerten Sprache und Gebärde soll die Disposition des Zuschauers zu passiver Schaulust aufheben und ihn zum Mitagierenden machen. Der Begriff der ›Mitahmung‹

erscheint in dramaturgischen Programmen; der Schauspieler soll sich zum Exponenten eines Verwandlungsaktes aufwerfen, der alle Beteiligten, ihn und die Zuschauer, umgreift. Aus dem abgegrenzten Spielraum soll eine Tribüne der Verkündigung werden.[76]

Zur ausgeprägten Rhetorisierung gehört auch der »hektische Drang zur Bilder-Türmung, der z. B. den jungen Dichter in Sorges Drama *Der Bettler* durchglühte und der sich in einer Überbürdung der expressionistischen Dramen mit vitalistischen und mystischen Heilszeichen, mit Zeugungs- und Weltentsagungsmetaphern, mit sozialutopischen Parolen und mit Nachahmungen christlichen Rituals äußert. Nicht auf wahllose Einschmelzung, sondern auf höchst bewußte Häufung ist der dramatische Vorgang angelegt. Das kann zu grotesken rhetorischen und mimischen Ballungen führen, wobei stets einzurechnen bleibt, daß die Hyperbolik nicht als Entgleisung unterläuft, sondern bewußtes Prinzip des Suggestionstheaters ist.«[77]

Ein Drama mag hier als Beispiel für das expressionistische Drama angeführt und näher charakterisiert sein. Wir wählen als Exemplum:

Georg Kaiser: *Von morgens bis mitternachts*

Täglich versieht der Kassierer einer Provinzbank mit ermüdender Eintönigkeit seinen Schalterdienst, zählt und bündelt seine Scheine, quittiert und zahlt aus. Einer Dame aus Florenz wird die Auszahlung eines größeren Betrages jedoch verweigert, da sie von der Bankdirektion für eine Betrügerin gehalten wird. Fasziniert von dem erotischen Flair der Fremden, steckt der Kassierer 60 000 Mark ein und verlässt damit die Bank, gerade in dem Augenblick, als der Direktor der Bank die Bestätigung für die Überweisung an die abgewiesene Dame erhält und nun die entsprechende Auszahlung anordnen will. Das Verschwinden des als äußerst zuverlässig geltenden Kassierers ruft Erstaunen und Bestürzung hervor. Dieser hat sich inzwischen in das Hotel begeben, in dem die Dame logiert. Dort erwartet deren Sohn das Geld, um damit einen Cranach anzukaufen. Statt jedoch das Geld dem Sohn auszuhändigen, fordert der Kassierer dessen ihn so faszinierende Mutter auf, mit ihm unverzüglich abzureisen. Er wird jedoch aus dem Hotel geworfen, rast danach in wilder Flucht aus der Stadt heraus und findet sich auf einem verschneiten Feld wieder, wo sich angesichts eines grotesken gerippeartigen Gebildes aus eisbedeckten Ästen, das ihm als »Polizei des Daseins« erscheint, sein seelischer Überdruck in einem langen Monolog entlädt. Zerfetzt und abgerissen kommt er nach Hause zu seiner Familie. Die Mutter, entsetzt ob seines Aussehens und seiner irre wirkenden Reden, trifft der Schlag und sie sinkt tot um. Er eilt wieder davon, der Bankdirektor, der ihn sucht, trifft nur die völlig verzweifelten Hinterbliebenen an. Im Sportpalast setzt der Kassierer hohe Prämien für die Fahrer aus, einem Mädchen von der Heilsarmee verweigert er jedoch eine noch so geringe Gabe. Auch beim zweiten Mal, als das Heilsarmeemädchen auf den Kassierer in einem Ballhaus trifft, wo er üppig zecht, weist er sie barsch ab. Ein Streit bricht aus, als der Kassierer sich über eine Frau mit Holzbein lustig macht. Der Kassierer ergreift erneut die Flucht. Schließlich findet er sich im Versammlungslokal der Heilsarmee ein. Dort legen verschiedene ›Sünder‹ ihre ›Beichte‹ ab; zu ihnen gehört auch der Kassierer, der mitgerissen von den Geständnissen der anderen, sich nunmehr schuldig bekennt und den Rest des veruntreuten Geldes unter die Menge der im Raum Versammelten wirft. Sofort streiten, balgen und prügeln sich alle um das hingeworfene Geld. Ein Mädchen, das den Kassierer in die Versammlung brachte, will sich die ausgesetzte Belohnung verdienen und zeigt den Kassierer bei einem Polizisten an. Bevor dieser ihn jedoch verhaften kann, erschießt der Kassierer sich. Im Fallen stürzt er auf ein Kreuz.

Das Drama bringt sieben Szenen aus dem letzten Lebenstag eines Kassierers auf die Bühne, die lediglich lose miteinander verknüpft sind, nur bedingt aufeinander Bezug nehmen und keineswegs eine architektonisch ausgewogene Konstruktion erkennen lassen. Dies geschieht wohl absichtlich, denn so wird auch das Zufällige, die mangelnde Kohärenz im Leben des Kassierers sinnfällig. Hier herrscht keine innere Konsequenz in der Anlage der Figur, keine nachvollziehbare Entwicklung wird deutlich, eher manifestiert sich die Sinnlosigkeit und Zufälligkeit eines in sich leeren Lebens. Obwohl der Tod am Ende des Stückes steht, es also den klassischen Ausgang einer Tragödie hat, wird man das Drama nur schwerlich als eine Tragödie bezeichnen können, vielmehr vermischen sich tragische und komische Aspekte miteinander, sogar Szenen, die ans Groteske angrenzen, mischen sich unter. Das menschliche Dasein erweist sich als eine lockere Aneinanderreihung nur lose zusammenhängender Episoden; es ist der Prototyp des Stationendramas und nicht zufällig thematisiert es sich selbst, wenn es heißt: »Ich ging an allem vorüber. Station hinter Station verschwand hinter meinem wandernden Rücken.«[78] So wenig wie der Kassierer sind auch die anderen Figuren zu Personen durchgebildet. Sie alle sind Typen, verharrend in ihrer jeweiligen

Einsamkeit. Die Kommunikation zwischen ihnen ist in höchstem Maße gestört. »Alles menschliche Streben ist ohne Sinn und Bedeutung, und die Erdenbewohner können bei dieser Einsicht nicht einmal gemeinsam Trost mit- und aneinander finden, da sie letztlich in ihrer Existenz immer ganz auf sich allein gestellt und vollkommen einsam sind.«[79] Letztlich ist es das Geld, das alle Verbindungen zwischen den Menschen gestaltet. Es ist zum Fetisch geworden. Die Einsicht des Kassierers: »Mit keinem Geld aus allen Bankkassen der Welt kann man sich irgendwas von Wert kaufen. Man kauft immer weniger, als man bezahlt. Und je mehr man bezahlt, um so geringer wird die Ware. Das Geld verschlechtert den Wert.«[80] *Von morgens bis mitternachts* demonstriert »den kompromisslosen Aufstand gegen das lebensarme und sinnenfeindliche Bürgertum und unterschiedliche Versuche, alternative Lebensmöglichkeiten und ekstatische Zustände irrationalen Genusses auszuprobieren.«[81] Im Selbstmord gewinnt der Kassierer – Beispiel eines gescheiterten ›neuen Menschen‹ – die Einsicht, dass in der total entfremdeten sozialen Umwelt für den Aufbruch zu einer nicht entfremdeten Daseinsform kein Raum ist.

Expressionistische Prosa

»Die expressionistische Prosa ist wesentlich ein Nebenprodukt der Bewegung, und obzwar sie wohl einen spezifischen Stil entwickelt hat, ist sie stilistisch kaum jemals unvermischt. Naturalistische Erbschaften mengen sich hinein, und andererseits bereitet sich in der Prosa von Gottfried Benn, Alfred Döblin, Ernst Weiss und Ernst Barlach eine dem Expressionismus folgende, den Expressionismus übersteigende Entwicklung der Epik vor, eine Art der erzählenden Darstellung, die man die *existentielle* nennen kann und die im deutschen Raum von Musil und Broch geschaffen worden ist.«[82]

Die expressionistische Prosa fand lange Zeit nur geringe Beachtung, denn die Stile divergierten zu stark voneinander, sodass man schwerlich ein Gemeinsames expressionistischer Prosa herausdestillieren konnte. Es fehlte an eindeutigen Kriterien, um Novelle, Roman oder Erzählung als ›expressionistisch‹ auszuweisen, zumal für viele Autoren der Expressionismus nur eine Phase, ein Durchgangsstadium, war, andere, im zweiten und dritten Jahrzehnt des 20. Jahrhunderts schreibende Autoren sich dem Expressionismus überhaupt nicht zuordnen ließen, obwohl gerade sie die die erzählerische Moderne einleitenden Erzählverfahren verwirklichten, was für Kafka, Musil, Broch oder Doderer in besonderem Maße zutrifft. Das gilt auch für den die unterschiedlichsten Erzählstile erprobenden Alfred Döblin, und insbesondere seinen Roman, *Berlin Alexanderplatz* (1929), dem allenfalls das Prädikat eines ›verspäteten Romans des Expressionismus‹ zugesprochen werden kann, der aber viel eher noch dem Futurismus, dem Dadaismus oder der neuen Sachlichkeit zuzurechnen wäre.

Multiperspektivisches Erzählen

Wenn man dennoch darauf beharrt, Gemeinsamkeiten einer expressionistischen Prosa zu benennen, so liegen sie in Thematik und Erzählweise. Für die Thematik kennzeichnend sind großstädtisches Ambiente und dominierende Außenseiterposition (Künstler, Wahnsinniger, aus dem Ordnungsrahmen fallender Bürger). Dem entspricht in gewisser Weise eine auf psychologische Motivation verzichtende Erzählweise, ein multiperspektivisches Erzählen. »Die Vereinfachung des Romans auf jene fortschreitende eine Handlung hin hängt mit der zunehmenden, raffiniert gezüchteten Leseunfähigkeit des Publikums zusammen. [...] Das alles überlasse man dem Pädagogen, Pfarrer, Psychologen, Psychiater; gedichtete Psychologie ist Unfug«[83], so lautet das abschätzige Urteil Döblins über traditionelle Erzählverfahren. Statt dessen gilt für expressionistisches Erzählen weitgehend:

Bruch mit traditionellen Erzählverfahren

Ein analysierender, kommentierender oder gar wertender Erzähler fehlt; die erzählerische Ordnung eines Nacheinander wird zugunsten einer simulierten Gleichzeitigkeit weitgehend aufgehoben; Assoziationen im Erzählen treten an die Stelle einer Erzähllogik in aufeinander folgenden Erzählschritten. Ein Kinostil wird propagiert; an die Stelle des Erzählflusses von Ursache und Wirkung tritt der scharfe Schnitt, das Auf- und Abblenden. Carl Einstein fordert sogar, dass das Phantastischste die Logik sein möge, und gestaltet so seinen Kurzroman *Bebuquin oder die Dilettanten des Wunders* so, dass jeder ›Abbildcharakter‹ des Erzählten in Bezug auf eine sprachunabhängige Wirklichkeit zugunsten reiner Phantastik bzw. einer absoluten Prosa schwindet. »Das Absurde zur Tatsache machen! Kunst ist eine Technik, tatsächliche Bestände und Affekte zu erzeugen«[84], lautet seine Forderung.

Zerstörung der erzählerischen ›Ordnung‹

Das Absurde

Auch für die expressionistische Prosa mag im Folgenden ein Beispiel angeführt werden:

Alfred Döblin: *Die Ermordung einer Butterblume*

In dieser 1910 erschienenen Erzählung gerät Michael Fischer, ein friedliebender Bürger, in ein merkwürdiges Schuldverhältnis zu einer Butterblume, der er auf einem zunächst gänzlich harmlosen Spaziergang in sinnloser Wut den Blütenkopf abgeschlagen hat. »Er fixierte die verwachsenen Blumen, um dann mit erhobenem Stock auf sie zu stürzen und blutroten Gesichts auf das stumme Gewächs loszuschlagen. Die Hiebe sausten rechts und links. Über den Weg flogen Stiele und Blätter.«[85] Durch die gedankenlose Tat – ausgelöst wohl dadurch, dass eine der Blumen sich mit dem von Fischer geschwungenen Spazierstock verhedderte und so den Schwung des Stockes hinderte – verwandelt sich ihm die Natur, bis dahin gefällige Kulisse seines Sonntagsspaziergangs, zu einer nicht greifbaren Macht, deren Zorn es zu beschwichtigen gilt, was der Kaufmann zunächst durch kaufmännische Mittel versucht, indem er der von ihm ermordeten Butterblume ein Konto eröffnet, doch schon bald drängt es ihn, »ihr von Speise und Trank zu opfern. Ein kleines Näpfchen wurde jeden Tag für sie neben Herrn Michaels Platz gestellt. […] Er büßte, büßte für seine geheimnisvolle Schuld. Er trieb Gottesdienst mit der Butterblume, und der ruhige Kaufmann behauptete jetzt, jeder Mensch habe seine eigne Religion; man müsse eine persönliche Stellung zu einem unaussprechlichen Gott einnehmen. Es gebe Dinge, die nicht jeder begreift.«[86] Erst nach längerer Zeit und zaghaft wagt Fischer, sich gegen die Ansprüche seines Opfers aufzulehnen: »Er betrog sie in kleinen Dingen, stieß hastig, wie unabsichtlich, ihren Napf um, verrechnete sich zu ihrem Nachteil, behandelte sie manchmal listig wie einen Geschäftskonkurrenten.«[87] In einer Gesellschaft, nach seinem

Leibgericht befragt, »fuhr er mit kalter Überlegung heraus: ›Butterblumen; Butterblumen sind mein Leibgericht‹ […] Er fühlte sich als scheusäliger Drache, der geruhsam Lebendiges herunterschluckt, dachte an wirr Japanisches und Harakiri. Wenngleich er heimlich eine schwere Strafe von ihr erwartete.«[88] Allmählich wird sein Schuldgefühl schwächer, und seine Bereitschaft zur Buße erlahmt. In seiner Vorstellung wird die Blume von der gemordeten Geliebten zur gemordeten Schwiegermutter, deren Tod er sühnt, indem er eine junge Butterblume in einen vergoldeten Porzellantopf einpflanzt und in sein Haus aufnimmt. Sie fällt nach einiger Zeit der Betriebsamkeit seiner Wirtschafterin zum Opfer; dieser Unfall befreit ihn endgültig von jeder Bußpflicht.

In der Überzeichnung zur Groteske liefert Döblin in dieser kurzen Erzählung eine Satire auf das Bürgertum und seine Sehnsucht nach einem unverstellten harmonischen Verhältnis zur Natur. Er legt die verborgene Aggressivität des Kleinbürgers offen und zeigt, wie dieser von einer Krämerseele und zugleich einer verkitschten Gefühligkeit beherrscht ist. Die Parabel schildert den Ausbruch eines Individuums aus seiner funktionalisierten Rolle innerhalb einer erwerbsbezogenen Gesellschaft. Der Ausbruchsversuch, vollzogen im lachhaft-quixotischen Kampf gegen Blumen mit der Waffe eines Spazierstöckchens, überfordert das Individuum und muss folglich misslingen. Was als Abenteuer begann, schlägt um in Qual, Selbstzerfleischung und Rollenversagen. »Als Kompensation bleibt der Regreß auf das hierarchische Gefüge – das Schikanieren der Untergebenen – und die versuchsweise Abgeltung der Betroffenen. Auch das bringt keine Freisetzung vom Schuldmechanismus. Erst ein Zufall in Person der Wirtschafterin bringt den

Ausweg, der sich zum Neubeginn des Vorgangs hin öffnet, da das Individuum unreflektiert bleibt.«[89]

Schon der Titel der Erzählung verstört, denn von Ermordung kann man nur in Bezug auf einen Menschen sprechen. Die Verstörung beim Leser resultiert aber vor allem aus der von Döblin gewählten Erzählperspektive; sie trägt dazu bei, dass der Leser durch den Erzähler nicht die Sicherheit in der Beurteilung und der Erklärung des Geschehens gewinnen kann, wie es bei einem auktorialen Erzähler wohl der Fall wäre. Döblin wählt die Er-Form, changiert dann aber innerhalb der Erzählung zwischen außenstehender Erzähler-Perspektive und Figurenperspektive. Dieses Prinzip eines übergangs- und bruchlosen Hin und Her »zwischen objektivem Erzählgestus und subjektiver Erzählperspektive« wird nur an wenigen Stellen durchbrochen, wenn »der Wechsel von der einen zur anderen Blickrichtung mittels der Ablösung des Präteritums durch das Präsens signalisiert wird.«[90] Dieses Springen zwischen den Erzählperspektiven bedingt auch, dass der Leser passagenweise, wenn die Perspektive der inneren Anschauung Fischers gewählt wird, sich ganz und gar mit den bizarren Hirngespinsten der Hauptfigur unmittelbar konfrontiert sieht, ohne dass eine psychologische Erklärung durch den Erzähler als Kommentierung des Verhaltens hinzugesetzt und damit die Handlungsweise Fischers eindeutig analysiert und bewertet wäre. So resultiert aus diesem Erzählverfahren die permanente Verstörung des Lesers. »Man kann die Welt […] und die in ihr sich abspielenden Ereignisse ganz unterschiedlich betrachten, aus dem Blickwinkel einer angeblich realistischen, ›normalen‹ Alltagswahrnehmung oder durch die Brechung eines geistig Gestörten. Und es ist dabei gar nicht so einfach zu beurteilen, ob die letztere Alternative die ohne jeden Zweifel schlechtere oder die bedenkenlos falsche zu nennen sei.«[91] Dem Leser bleibt es überlassen, das Verhalten Fischers sich selbst dadurch zu erklären, dass ihn die Gesellschaft zu dem gemacht hat, was er ist. Dann muss sich aber auch der Leser selbst als Teil einer kleinbürgerlichen Gesellschaft begreifen, der stets gefährdet ist, selbst dem Wahnsinn zu verfallen, bzw. im Wahnsinn seinen Ausbruch aus der ihn einzwängenden Gesellschaft zu suchen.

6. Checkliste

1. Inwiefern ist der Expressionismus nicht nur eine literarische Bewegung?
2. Von welchen literarischen Strömungen um die Wende zum 20. Jahrhundert setzt sich der Expressionismus ab?
3. Welche literarischen Strömungen im Einzelnen lassen sich ausmachen, zu denen der Begriff ›Expressionismus‹ ein – wenn auch nur provisorischer – Oberbegriff ist?
4. Worin unterscheiden sich Naturalismus und Expressionismus?
5. Wie lassen sich Expressionismus und Impressionismus voneinander abgrenzen?
6. Welche unterschiedlichen Tendenzen verfolgen die beiden literarischen Strömungen Impressionismus und Expressionismus?
7. Erläutern Sie den Gegensatz von Ästhetizismus und Expressionismus.
8. Was könnte man als die ›Grundhaltung‹ des Expressionismus bezeichnen?
9. Was ist dem Expressionismus in der Malerei und dem literarischen Expressionismus gemeinsam?
10. Welche literarischen Strömungen entwickeln sich aus dem Expressionismus heraus? Wie und wo schließen sie an den Expressionismus an? Worin setzen sie sich vom Expressionismus ab?
11. In welche Phasen lässt sich der Expressionismus unterteilen? Welche Gattungen überwiegen in den einzelnen Phasen?
12. Welche Merkmale sind der Gruppe der expressionisti-

schen Schriftsteller gemeinsam? (Alter, familiäre Verhältnisse usw.)

13. Welche Bedeutung gewinnen die Zeitschriften für die Expressionisten?
14. Geben Sie einige Lebensläufe expressionistischer Dichter wieder und stellen Sie heraus, was an ihnen für die Autoren des Expressionismus typisch zu sein scheint.
15. Welche Verbindung gibt es zwischen der Boheme und dem Expressionismus?
16. Inwiefern kann man beim Expressionismus von einer antibürgerlichen Bewegung sprechen? Worin zeigt sich das besonders deutlich?
17. Erläutern Sie die Doppeldeutigkeit des Titels einer der bekanntesten Lyrikanthologien des Expressionismus *Menschheitsdämmerung*.
18. Wie verarbeiten einige Expressionisten in ihrer Dichtung den Ersten Weltkrieg?
19. Welche Funktion hat der Krieg bzw. die Metapher des Krieges für einige Expressionisten?
20. Wenn Expressionisten von »Aufbruch« sprechen, welche Form von Aufbruch meinen sie? In welche Richtung soll dieser Aufbruch erfolgen?
21. Zeigen Sie auf, inwiefern man vom Zerfall des Ich in der expressionistischen Dichtung sprechen kann und erläutern Sie anhand der Entwicklung der literarischen Form in Drama, Prosa und Lyrik, wie sich dort jener Verlust eines mit sich identischen Ich bemerkbar macht.
22. Inwiefern kann man einen Teil der expressionistischen Literatur auch als einen Reflex auf die Großstadtatmosphäre beschreiben?
23. Was verstehen einige Expressionisten unter ›Erlösung‹ und ›neuem Menschen‹?

24. Nennen Sie Merkmale der expressionistischen Lyrik.
25. Wie und warum entwickelt sich im Expressionismus aus der Metapher die Chiffre?
26. Warum entwickeln die Expressionisten den lyrischen Zeilenstil, bedienen sich des Stationendramas und eines multiperspektivischen bzw. personalen Erzählens?

7. Literaturhinweise

Textsammlungen

Anz, Thomas / Michael Stark (Hrsg.): Expressionismus. Manifeste und Dokumente zur deutschen Literatur 1910–1920. Mit Einleitungen und Kommentaren. Stuttgart 1982.

Benn, Gottfried (Hrsg.): Lyrik des expressionistischen Jahrzehnts. Von den Wegbereitern bis zum Dada. München 1962.

Best, Otto F. (Hrsg.): Theorie des Expressionismus. Stuttgart 1976.

– Expressionismus und Dadaismus. Stuttgart 1974.

Bode, Dietrich (Hrsg.): Gedichte des Expressionismus. Stuttgart 1966.

Denkler, Horst (Hrsg.): Einakter und kleine Dramen des Expressionismus. Stuttgart 1968.

Große, Wilhelm (Hrsg.): Expressionismus. Lyrik mit Materialien. Stuttgart 1980.

Martini, Fritz (Hrsg.): Prosa des Expressionismus. Stuttgart 1970.

Pinthus, Kurt (Hrsg.): Menschheitsdämmerung. Symphonie jüngster Dichtung. Berlin 1919. Neuaufl. Hamburg 1963 [u. ö.].

Pörtner, Paul: Literatur-Revolution 1910–1925. Dokumente, Manifeste, Programme. Bd. 1: Zur Ästhetik und Poetik. Bd. 2: Zur Begriffsbestimmung der Ismen. Darmstadt/Neuwied/Berlin 1960 f.

Raabe, Paul (Hrsg.): Ich schneide die Zeit aus. Expressionismus und Politik in Franz Pemferts *Aktion* 1911–1916. München 1964.

Raabe, Paul (Hrsg.): Expressionismus. Aufzeichnungen und Erinnerungen der Zeitgenossen. Olten / Freiburg i. Br. 1965.

Schmidt-Bergmann, Hansgeorg (Hrsg.): Lyrik des Expressionismus. Unter der Mitarb. von Sonja Hermann. Stuttgart 2003.

Schutte, Jürgen / Peter Sprengel (Hrsg.): Die Berliner Moderne 1885–1914. Stuttgart 1987.

Vietta, Silvio (Hrsg.): Die Lyrik des Expressionismus. 4., verb. Aufl. Tübingen 1999.

Gesamtdarstellungen

Anz, Thomas: Literatur der Existenz. Literarische Psychopathographie und ihre soziale Bedeutung im Frühexpressionismus. Stuttgart 1977.

Anz, Thomas / Michael Stark (Hrsg.): Die Modernität des Expressionismus. Stuttgart 1994.

Anz, Thomas: Literatur des Expressionismus. Stuttgart/ Weimar 2002.

Arnold, Arnim: Die Literatur des Expressionismus. Sprachliche und thematische Quellen. Stuttgart 1966.

– Prosa des Expressionismus. Herkunft, Analyse, Inventar. Stuttgart [u. a.] 1972.

Brinkmann, Richard: Expressionismus. Forschungsprobleme 1952–1960. Stuttgart 1961.

Denkler, Horst (Hrsg.): Gedichte der *Menschheitsdämmerung*. Interpretationen expressionistischer Lyrik. München 1971.

Durzak, Manfred: Das expressionistische Drama: Bd. 1: Carl Sternheim – Georg Kaiser. Bd. 2: Ernst Barlach – Ernst Toller – Fritz von Unruh. München 1978.

Eibl, Karl: Lyrik des Expressionismus. In: Walter Hinderer (Hrsg.): Geschichte der deutschen Lyrik. Stuttgart 1983. S. 420–438.

Fähnders, Walter: Avantgarde und Moderne 1890–1933. Stuttgart/Weimar 1998.

– (Hrsg.): Expressionistische Prosa. Bielefeld 2001.

Hamann, Richard / Jost Hermand: Expressionismus. 2., unveränd. Aufl. Berlin 1977.

Heselhaus, Clemens: Deutsche Lyrik der Moderne. Von Nietzsche bis Yvan Goll. Die Rückkehr zur Bildlichkeit der Sprache. Düsseldorf 1961.

Hohendahl, Peter Uwe: Das Bild der bürgerlichen Welt im expressionistischen Drama. Heidelberg 1967.

Kemper, Hans-Georg: Vom Expressionismus zum Dadaismus. Eine Einführung in die dadaistische Literatur. Kronberg i. Ts. 1974.

Krull, Wilhelm: Prosa des Expressionismus. Stuttgart 1984.

Lehnert, Herbert: Geschichte der deutschen Literatur vom Jugendstil zum Expressionismus. Stuttgart 1978.

Martens, Gunter: Vitalismus und Expressionismus. Ein Beitrag zur Genese und Deutung expressionistischer Stilstrukturen und Motive. Stuttgart 1971.

Mix, York-Gothart (Hrsg.): Naturalismus, Fin de siècle, Expressionismus. 1890–1918. München 2000.

Oehm, Heidemarie: Subjektivität und Gattungsform im Expressionismus. München 1993.

Paulsen, Wolfgang: Deutsche Literatur des Expressionismus. 2., überarb. Aufl. Mit einem Geleitwort von Horst Denkler. Berlin 1998.

Rötzer, Hans Gerd (Hrsg.): Begriffsbestimmung des literarischen Expressionismus. Darmstadt 1976.

Rothe, Wolfgang (Hrsg.): Expressionismus als Literatur. Gesammelte Studien. Bern/München 1969.

Schneider, Karl Ludwig: Zerbrochene Formen. Wort und Bild im Expressionismus. Hamburg 1967.

Sprengel, Peter: Geschichte der deutschsprachigen Literatur 1900–1918. Von der Jahrhundertwende bis zum Ende des Ersten Weltkriegs. München 2004.

Steffen, Hans (Hrsg.): Der deutsche Expressionismus. Formen und Gestalten. Göttingen 1965.

Trommler, Frank (Hrsg.): Deutsche Literatur. Eine Sozialgeschichte. Hrsg. von Horst Albert Glaser. Bd. 8: Jahrhundertwende. Vom Naturalismus zum Expressionismus 1880–1918. Reinbek bei Hamburg 1982.

Vietta, Silvio / Hans-Georg Kemper: Expressionismus. 6., unveränd. Aufl. München 1997.

Anmerkungen

1 Zit. nach: *Lexikon der Kunst*, Bd. 2, Erlangen 1994, S. 339.
2 Zit. nach: Anz/Stark, *Expressionismus. Manifeste und Dokumente*, S. 43 f. – Die vollständigen bibliographischen Angaben der Kurztitel finden sich im Literaturverzeichnis.
3 Ebd., S. 44.
4 Ebd.
5 Ebd.
6 Ebd.
7 Ebd., S. 44 f.
8 Ebd., S. 44.
9 Ebd., S. 45.
10 Ebd., S. 48 f.
11 Theodor Haubach, »Wider die Politik«, in *Das Tribunal* 1 (1919) S. 52. Zit. nach: Anz/Stark, *Expressionismus. Manifeste und Dokumente*, S. 168.
12 Georg Heym, *Dichtungen und Schriften*, hrsg. von Karl Ludwig Schneider, Bd. 3, Hamburg 1960, S. 138 f.
13 Zit. nach: Helmut Kreuzer, »Exkurs über die Boheme«, in: *Deutsche Literatur im 20. Jahrhundert. Strukturen und Gestalten*, Bd. 1, Bern/München 1967, S. 223 f.
14 Ludwig Rubiner, *Der Mensch in der Mitte*, Berlin-Wilmersdorf 1917, S. 19.
15 Gottfried Benn, *Gesammelte Werke*, hrsg. von Dieter Wellershoff, Bd. 7, Wiesbaden 1965, S. 1838.
16 Ebd., S. 1838 f.
17 Zit. nach: Pinthus, *Menschheitsdämmerung*, S. 26.
18 Zit. nach: Karl Riha, »Dadaismus«, in: Walter Killy, *Literaturlexikon*, Bd. 13, Gütersloh/München 1992, S. 160.
19 Zit. nach: Walter Hinck, *Das moderne Drama in Deutschland*, Göttingen 1973, S. 61 f.
20 Zit. nach: Ebd., S. 59 f.
21 Zit. nach: Pinthus (Anm. 17), S. 213.
22 Ebd., S. 336.
23 Benn (Anm. 15), Bd. 8, S. 1960.
24 Ernst Stadler, *Dichtungen. Gedichte und Übertragungen mit ei-*

ner Auswahl der kleinen kritischen Schriften und Briefe, hrsg. von Karl Ludwig Schneider, Bd. 2, Hamburg 1954, S. 21.

25 Gottfried Benn, *Der Dichter über sein Werk*, hrsg. von Edgar Lohner, München 1969, S. 205.

26 Benn (Anm. 15), Bd. 1, S. 7.

27 Ebd., Bd. 7, S. 1691.

28 Ebd., Bd. 8, S. 2009f.

29 Die Erzählung wird zitiert nach: Benn (Anm. 15), Bd. 5, S. 1185 bis 1191.

30 Jürgen Fackert, »Nachwort«, in: Gottfried Benn, *Gehirne*, textkrit. hrsg. von J. F., Stuttgart 1974, S. 60.

31 Zit. nach: Karl Ludwig Schneider, »Georg Heym«, in: *Deutsche Dichter der Moderne*, hrsg. von Benno von Wiese, Berlin [2]1969, S. 391.

32 Ebd., S. 396.

33 Ebd., S. 397.

34 Ebd.

35 Georg Heym: *Werke. Mit einer Auswahl von Entwürfen aus dem Nachlass, von Tagebuchaufzeichnungen und Briefen*, hrsg. von Gunter Martens, Stuttgart 2006, S. 153; wir folgen dem Text in Rechtschreibung und Zeichensetzung. Die siebte Strophe wurde von Heym im Manuskript durchgestrichen.

36 Zit nach: Pinthus (Anm. 17), S. 39.

37 Zit. nach: *Gedichte der »Menschheitsdämmerung«*, hrsg. von Horst Denkler, München 1971, S. 57.

38 Ebd., S. 58.

39 Zit. nach: Große, *Expressionismus. Lyrik*, S. 17.

40 Zit. nach: Pinthus (Anm. 17), S. 80.

41 Ernst Toller, *Prosa – Briefe – Dramen – Gedichte*. Mit einem Vorw. von Kurt Hiller, Reinbek bei Hamburg 1979, S. 123.

42 Zit. nach: Ursula Jaspersen, »Georg Trakl«, in: *Deutsche Dichter der Moderne* (Anm. 31), S. 407.

43 Ebd., S. 411.

44 Georg Trakl, *Werke, Entwürfe, Briefe*, hrsg. von Hans-Georg Kemper und Frank Rainer Max, Stuttgart 1984, S. 239.

45 Ebd., S. 241.

46 Ebd., S. 221.

47 Ebd., S. 232.

48 Ebd., S. 29f.
49 Walther Killy, *Wandlungen des lyrischen Bildes*, Göttingen 1967, S. 127f.
50 Zit. nach: Anz/Stark, *Expressionismus. Manifeste und Dokumente*, S. 116.
51 Heym (Anm. 35), S. 14f.
52 Benn (Anm. 25), S. 15.
53 Pinthus (Anm. 17), S. 22.
54 Ebd., S. 23.
55 Ebd.
56 Zit. nach: Wolfgang Paulsen, *Expressionismus und Aktivismus. Eine typologische Untersuchung*, Bern/Leipzig 1935, S. 136.
57 Stadler (Anm. 24), Bd. 1, S. 127.
58 Clemens Heselhaus, *Deutsche Lyrik der Moderne. Von Nietzsche bis Yvan Goll*, Düsseldorf 1961, S. 147f.
59 Franz Werfel, *Aphorismus zu diesem Jahr*, in: *Die Aktion* 4 (1914), Sp. 903.
60 Zit. nach: Pinthus (Anm. 17), S. 47.
61 Alfred Lichtenstein, *Die Verse des Alfred Lichtenstein*, in: *Die Aktion* 3 (1913), Sp. 944.
62 August Stramm, *Die Dichtungen. Sämtliche Gedichte, Dramen, Prosa*, hrsg. von Jeremy Adler, München/Zürich 1990, S. 33.
63 Zit. nach: *Der Sturm. Ein Erinnerungsbuch*, hrsg. von Nell Walden, Aachen 1954, S. 76.
64 Georg Lukács, *Essays über Realismus*, Neuwied/Berlin 1971, S. 144ff.
65 Stadler (Anm. 24), Bd. 1, S. 173.
66 Karl Ludwig Schneider, *Der bildhafte Ausdruck in den Dichtungen Georg Heyms, Georg Trakls und Ernst Stadlers*, Heidelberg ^{2}1961, S. 173.
67 Bertolt Brecht, *Gesammelte Werke in 20 Bänden*, Bd. 19, Frankfurt a. M. 1967, S. 291ff.
68 So Kasimir Edschmid, zit. nach: Hinck (Anm. 19), S. 20.
69 Hinck (Anm. 19), S. 22.
70 Eberhard Lämmert, »Das expressionistische Verkündigungsdrama«, in: Steffen (Hrsg.), *Der deutsche Expressionismus*, S. 142.
71 Siehe Hinck (Anm. 19), S. 57.

72 Lämmert (Anm. 70), S. 141.
73 August Strindberg, *Ein Traumspiel*, deutsch von Peter Weiss, Frankfurt a. M. 1963, S. 7.
74 Siehe dazu: Peter Szondi, *Theorie des modernen Dramas*, Frankfurt a. M. 1956, S. 45 f.
75 Lämmert (Anm. 70), S. 145.
76 Ebd., S. 144.
77 Ebd., S. 149.
78 Georg Kaiser, *Von morgens bis mitternachts*, hrsg. von Walther Huder, Stuttgart 1973, S. 62.
79 Ralf Georg Bogner, *Einführung in die Literatur des Expressionismus*, Darmstadt 2005, S. 134.
80 Kaiser (Anm. 78), S. 63.
81 Bogner (Anm. 79), S. 137.
82 Erich von Kahler, »Die Prosa des Expressionismus«, in: Steffen (Hrsg.), *Der deutsche Expressionismus*, S. 165.
83 Alfred Döblin, *Bemerkungen zum Roman* (1918), zit. nach: Otto F. Best, *Theorie des Expressionismus*, Stuttgart 1982, S. 189 f.
84 Carl Einstein, *Anmerkungen über den Roman*, zit. nach: Ebd., S. 188.
85 Zit. nach: *Prosa des Expressionismus*, hrsg. von Fritz Martini, Stuttgart 1970, S. 102 f.
86 Ebd., S. 111.
87 Ebd., S. 112.
88 Ebd., S. 112 f.
89 Gerhard P. Knapp, *Die Literatur des deutschen Expressionismus. Einführung – Bestandsaufnahme – Kritik*, München 1979, S. 98.
90 Bogner (Anm. 79), S. 92.
91 Ebd., S. 93.

Abbildungsnachweis

Ernst Barlach. Selbstbildnis 1928. Kohlezeichnung. akg-images. © Ernst und Hans Barlach Lizenzverwaltung GbR Ratzeburg.

Johannes R. Becher. Foto 1950. akg-images.

Gottfried Benn. Foto 1932. akg-images.

Georg Heym. Radierung von Ernst Ludwig Kirchner 1923. Verlagsarchiv.

Jakob van Hoddis. Zeichnung von Ludwig Meidner 1914. © Ludwig Meidner-Archiv, Jüdisches Museum der Stadt Frankfurt a. M.

Georg Kaiser. Foto. Bildarchiv Preußischer Kulturbesitz, Berlin.

Else Lasker-Schüler. Foto um 1932. Friedrich Pfäfflin, Marbach a. N.

Ernst Stadler. Gemälde von Heinrich Beeke 1910. Foto: Privatbesitz.

Carl Sternheim. Foto von Thea Sternheim 1916. Verlagsarchiv.

Ernst Toller: Foto um 1930. akg-images.

Georg Trakl. Foto 1914. Brenner-Archiv, Universität Innsbruck.

Literaturwissen für Schüler

Alfred Andersch. Von Reiner Poppe. 120 S. 6 Abb. UB 15219

Ingeborg Bachmann. Von Peter Beicken. 168 S. 6 Abb. UB 15225

Gottfried Benn. Von Wilhelm Große. 118 S. 6 Abb. UB 15226

Heinrich Böll. Von Helmut Bernsmeier. 151 S. 10 Abb. UB 15211

Bertolt Brecht. Von Franz-Josef Payrhuber. 176 S. 9 Abb. UB 15207

Georg Büchner. Von Karlheinz Hasselbach. 108 S. 7 Abb. UB 15212

Friedrich Dürrenmatt. Von Wilhelm Große. 176 S. 11 Abb. UB 15214

Joseph von Eichendorff. Von Helmut Bernsmeier. 152 S. 9 Abb. UB 15221

Theodor Fontane. Von Theodor Pelster. 116 S. 10 Abb. UB 15213

Max Frisch. Von Klaus Müller-Salget. 141 S. 10 Abb. UB 15210

Johann Wolfgang Goethe. Von Kurt Rothmann. 158 S. 10 Abb. UB 15201

Günter Grass. Von Theodor Pelster. 133 S. 11 Abb. UB 15220

Gerhart Hauptmann. Von Franz-Josef Payrhuber. 104 S. 9 Abb. UB 15215

Heinrich Heine. Von Wilhelm Große. 174 S. 11 Abb. UB 15223

E. T. A. Hoffmann. Von Susanne Gröble. 99 S. 9 Abb. UB 15222

Hermann Hesse. Von Helga Esselborn-Krumbiegel. 115 S. 9 Abb. UB 15208

Franz Kafka. Von Carsten Schlingmann. 168 S. 11 Abb. UB 15204

Gottfried Keller. Von Klaus-Dieter Metz. 143 S. 7 Abb. UB 15205

Heinrich von Kleist. Von Sabine Doering. 123 S. 10 Abb. UB 15209

Gotthold Ephraim Lessing. Von Wolfgang Kröger. 106 S. 10 Abb. UB 15206

Thomas Mann. Von Ulrich Karthaus. 115 S. 7 Abb. UB 15203

Conrad Ferdinand Meyer. Von Theodor Pelster. 119 S. 9 Abb. UB 15216

Friedrich Schiller. Von Walter Schafarschik. 182 S. 13 Abb. UB 15218

William Shakespeare. Von Reiner Poppe. 240 S. 15 Abb. UB 15224

Adalbert Stifter. Von Karl Pörnbacher. 144 S. 9 Abb. UB 15217

Theodor Storm. Von Winfried Freund. 136 S. 6 Abb. UB 15202

Einführung in die Verslehre. Von Hans-Dieter Gelfert. 192 S. UB 15037

Expressionismus. Von Wilhelm Große. 125 S. UB 15229

Kreatives Schreiben. 111 Übungen. Von Mariò Leis [u. a.]. 174 S. UB 15228

Wie interpretiert man ein Drama? Von Hans-Dieter Gelfert. 191 S. UB 15026

Wie interpretiert man ein Gedicht? Von Hans-Dieter Gelfert. 191 S. UB 15018

Wie interpretiert man eine Novelle und eine Kurzgeschichte? Von Hans-Dieter Gelfert. 195 S. UB 15030

Wie interpretiert man einen Film? Von Peter Beicken. 216 S. UB 15227

Wie interpretiert man einen Roman? Von Hans-Dieter Gelfert. 199 S. UB 15031

Philipp Reclam jun. Stuttgart